AF546649

Rainer Brenke
Werner Siems

Das Buch vom Winterschwimmen

Gesund und fit durch Abhärtung

Husum

Umschlagbild: Michael August, Kiel

Die Deutsche Bibliothek – CIP-Einheitsaufnahme

Brenke, Rainer:
Das Buch vom Winterschwimmen: gesund und fit durch Abhärtung / Rainer Brenke ; Werner Siems. – Husum : Husum, 1996
ISBN 3-88042-791-7
NE: Siems, Werner:

Satz: Fotosatz Husum GmbH
Druck und Verarbeitung: Husum Druck- und Verlagsgesellschaft
Postfach 1480, D-25804 Husum

ISBN 3-88042-791-7

Vorwort

Unsere heutige Gesellschaft ist in den modernen Industrieländern gekennzeichnet durch eine zunehmende Verarmung an natürlichen Reizen. Computergesteuerte Maschinen nehmen den Menschen immer mehr körperliche Arbeit ab, klimatisierte Wohnungen, Arbeitsplätze und Autos führen dazu, daß wir uns auch den natürlichen klimatischen Reizen zunehmend weniger aussetzen. Dem gegenüber stehen eine wachsende Überflutung durch optische und akustische Reize sowohl bei der Arbeit als auch in der Freizeit – man denke z. B. an die Computerspiele – und eine Fehlverarbeitung von übermäßigem psychischen Streß. Dies könnten mit Ursachen für eine Reihe von Zivilisationserkrankungen, z. B. des Herz-Kreislauf-Systems oder auch des Bewegungsapparates, sein.

In der letzten Zeit kann man nun das Phänomen beobachten. daß offenbar viele Menschen diesem extremen Mangel an natürlichen Reizen durch extreme „Ausgleichsmaßnahmen" zu begegnen suchen. Man denke nur an solche modernen Sportarten wie das Drachenfliegen, das freie Klettern an Felsen oder auch das Extremskifahren. Letztlich kann man auch das Eisbaden oder Winterschwimmen hier erwähnen, wenngleich das Risiko dabei nur gering ist. Die Beschäftigung mit dem Winterschwimmen begann vor nun schon fast 20 Jahren, als wir im Rahmen unserer Untersuchungen zur Wirkung hydrotherapeutischer Maßnahmen ein „Gegenstück" zu einer mit intensiven Warmreizen verbundenen Anwendung – der Sauna – suchten. Hier kam uns der Zufall zu Hilfe, als wir durch eine Zeitungsnotiz von einem der ersten Treffen der Winterbader in Berlin erfuhren. So begann eine Arbeit, die uns zunehmend mehr faszinierte.

Eine wissenschaftliche Untersuchung betreibt natürlich kaum jemand alleine. So soll an dieser Stelle meinem langjährigen ehemaligen Chef, Herrn Professor Dr. med. E. Conradi, gedankt werden, der mich zur Bearbeitung des Themas inspirierte und durch konstruktive Kritik viel zum Fortgang der Untersuchungen beigetragen hat. Auch meinem Koautor, Herrn Priv. Doz. Dr. med. Werner Siems möchte ich ganz herzlich danken. Er hat als Biochemiker mit viel Engagement zur theoretischen Fundierung von der Abhärtung zugrunde liegenden Mechanismen beigetragen. Viel Zeit und Gedanken haben meine ehemaligen Kolleginnen Dr. med. Claudia-Katrin Kahlbaum und Dr. med. Antje Materna investiert. Die Zusammenarbeit mit ihnen ebenso wie mit einer ganzen Reihe von Doktoranden hat stets viel Freude bereitet und Anregungen vermittelt. Über viele Jahre hat mit großem Einsatz auch an den Wochenenden Schw. Siegtraud Uter an den Untersuchungen mitgewirkt. Auch ihr möchte ich ganz herzlich danken. Meine Ehefrau, Priv. Doz. Dr. med. Angelika Brenke, mit der ich zusammen zum Thema Therapie mit Wärme und Kälte habilitierte, hat ebenfalls viel zum Gelingen beigetragen.

Trotz der vielen Mitstreiter wäre aus all unseren Projekten nichts geworden, hätten uns nicht die Winterbader über viele Jahre so bereitwillig unterstützt und sich für eine Vielzahl von Messungen zur Verfügung gestellt. Besonders den Berliner und Lubminer Eisbadern gilt unser ganz besonderer Dank. Für sie wurde dieses Buch in erster Linie geschrieben, wir hoffen jedoch, damit einen noch größeren Leserkreis und auch die Ärzteschaft anzusprechen, um den Gedanken einer Gesundheisstabilisierung durch natürliche Reize noch tiefer im Bewußtsein möglichst vieler zu vertiefen. Das könnte auch zu einer weiteren Popularisierung der klassischen Naturheilverfahren beitragen.

Wenn man einen breiten Leserkreis ansprechen will, so sind Kompromisse in der Art der Darstellung unvermeidlich. Übermäßige Simplifizierungen sind sicherlich ebenso schädlich wie eine ausschließlich streng wissenschaftliche Darstellung. Wir hoffen, daß die gewählte Form der Darstellung sowohl von Winterbadern und anderen an der Abhärtung Interessierten als auch von Medizinern akzeptiert wird.

R. Brenke

Berlin und Simbach am Inn,
im Februar 1996

1 Einleitung

1.1 „Abhärtung" – was ist das?

Wohl kaum etwas verdeutlicht den Inbegriff der Abhärtung so stark wie der Anblick eines Menschen, der sich im Winter ein Loch in das Eis eines Gewässers hackt, um anschließend darin zu baden. So hat wohl jeder eine Vorstellung von dem Begriff der Abhärtung, jedoch ist man sich weitgehend über die zugrunde liegenden Mechanismen unklar. Nach Bühring (1993) verbindet sich der Gedanke der Abhärtung mit der Vorstellung, daß es nach wiederholten physikalischen Belastungen (so z. B. körperliche Aktivität, thermische Reize, klimatische Faktoren) zu einer verbesserten Toleranz solcher Stressoren kommt. Allgemein ist damit auch der Gedanke einer umfassenden Verbesserung des Gesundheitszustandes verbunden. Die höhere Gesundheitsstabilität bezieht sich dabei nicht nur auf den Reiz, der zur Abhärtung benutzt wurde.

Gegenüber diesen relativ weitgefaßten Vorstellungen versteht man unter Abhärtung im engeren Sinne meist eine verbesserte Resistenz gegenüber grippalen Infekten. Es wird vermutet, daß abgehärtete Personen seltener erkranken und einen leichteren Krankheitsverlauf aufweisen. Neben physiologischen Anpassungsprozessen spielen bei der Abhärtung sicher aber auch Fragen der Persönlichkeitsentwicklung sowie der Psyche eine entscheidende Rolle. Wir konnten durch wiederholte Gespräche feststellen, daß auch so extrem abgehärtete Personen wie die Winterbader zwar durchaus an – allerdings leichter verlaufenden – Infekten erkranken, daß sie es jedoch aus eigenem Selbstverständnis heraus oftmals nicht für opportun halten, damit zum Arzt zu gehen.

Die Methoden, die zur Abhärtung empfohlen werden, sind vielgestaltig. Vielfach wird dem Sport eine entscheidende Rolle beigemessen. Dem kann jedoch nur bedingt beigepflichtet werden, da zumindest ein Hochleistungssportler keine Änderungen in der Erkrankungshäufigkeit bei grippalen Infekten erkennen läßt. Im Gegenteil – nach einer Höchstleistung ist die Anfälligkeit sogar erhöht. Hier müßte man also präzisieren und davon ausgehen, daß vermutlich nur eine relativ milde dosierte, auf Erzielung von Ausdauer ausgerichtete sportliche Betätigung wirklich der Abhärtung dienlich ist.

Am verbreitetsten ist noch die Meinung, daß Kaltreize untrennbar mit der Abhärtung verbunden sind. Dies kommt nicht nur in älteren hydrotherapeutischen Schriften zum Ausdruck, sondern scheint sich durch modernere Untersuchungen zu bestätigen. Auch die Sauna ist als Abhärtungsmittel etabliert. Letztlich ist auch das natürliche Klima zu nennen, das je nach natürlichen Gegebenheiten unterschiedlich stark im Sinne einer Abhärtung wirksam sein kann. Kältereize in Form von Klimareizen werden bekanntlich zu Abhärtungszwecken schon lange genutzt. Entsprechende Erfahrungen sind über 100 Jahre alt. 1882 veröffentlichte Beneke sein Buch „Die erste Überwinterung Kranker auf Norderney", wobei auch über Erfahrungen an 6 Kindern berichtet wird, was zu regelmäßigen Winterkuren auf Norderney seit 1889 führte.

Gezielt genutzt wird nicht nur der Akuteffekt einer Kälteanwendung, sondern vor allem die Anpassung nach serieller Anwendung. Reize und die Adaptationen an Reize sind für das Leben unerläßlich. Im Tierversuch konnte gezeigt werden, daß die wiederholte rhythmische Einwirkung von Streßfaktoren zu einer Verlängerung des Lebens und einer Verlangsamung des biologischen Alterns führt (Ordy 1967). Die Voraussetzung zur Wirksamkeit von Thermotherapieverfahren ist nach Conradi (1982, 1985) die Fähigkeit des Organismus zur Selbstoptimierung, wobei diese Prozesse mit der Ausbildung spezifischer Adaptate einhergehen.

Eine Anpassung ist nach Schubert (1979) auf verschiedenen Ebenen möglich. Sie kann mit morphologischen Strukturveränderungen einhergehen. Wichtig ist die Tatsache, daß sich Adaptationen langfristig entwickeln, was sie gegen Mechanismen der Regulation abgrenzt, die momentane Ausgleichs- und Anpassungsleistungen hervorbringen.

Sicherlich ist bei längerfristiger Exposition bzw. intensiveren Reizen auch beim Menschen eine Warm- oder Kaltadaptation nicht nur auf funktioneller, sondern auch auf biochemischer Ebene möglich, worauf Kühnau 1970 am Beispiel der Induktion oder Repression adaptiver Enzyme hinwies und wofür auch die Wärme- bzw. Kälteadaptationen im Tierexperiment (Malasek 1977) sprechen.

Trotz dieser scheinbar gesicherten Erkenntnisse werden in neueren Lehrbüchern der inneren Medizin oder der Pädiatrie abhärtende Maßnahmen kaum noch empfohlen. Das liegt zum Teil sicher daran, daß gesicherte Daten – sowohl was die Epidemiologie als auch die physiologischen Grundlagen betrifft – weitgehend fehlen. Aus diesem Grunde erscheint es besonders reizvoll, eine Extremform des

Abhärtungssportes – das Eisbaden bzw. Winterschwimmen – näher zu untersuchen, da die hier gewonnenen Erkenntnisse sicherlich exemplarisch für die Wirkung von abhärtenden Maßnahmen allgemein und von Kaltreizen im besonderen dienen können.

Ganz allgemein ergeben sich jedoch prinzipielle Probleme bei dem Versuch, einen Wirksamkeitsnachweis der Abhärtung zu führen. Dies hat folgende Gründe: Meist werden Abhärtungsmaßnahmen beim (noch) Gesunden eingesetzt. Wie weist man nach, daß ein Gesunder noch gesünder wird? Die üblichen Labormethoden sind dazu entwickelt worden, Krankheiten nachzuweisen, und nicht, Gesundheit zu messen. Bei grippalen Infekten und der subjektiv empfundenen gesundheitlichen Stabilität spielt die Psyche zudem eine große Rolle. Somit ist es nicht verwunderlich, daß sog. „harte Daten" für die Methoden der Abhärtung bisher nicht oder nur sehr spärlich vorliegen. Aus den gleichen Gründen waren wir davon überzeugt, daß es nicht genügt, epidemiologische Angaben zu liefern, sondern es mußten gleichzeitig physiologische Messungen erfolgen. Nur wenn die Epidemiologie und physiologische Messungen in ihrer Aussage ein vergleichbares Ergebnis erzielen, kann man davon überzeugt sein, daß die Abhärtung umfassende und relevante Umstellungen im Organismus des Menschen hervorgerufen hat.

1.2 Definition der Abhärtung

Der Begriff der Abhärtung ist medizinisch nicht klar definiert. Wie schon erwähnt, wird er umgangssprachlich sowohl für Anpassung an Umwelteinflüsse als auch für psychische Eigenschaften verwandt. Jungmann (1985) setzt Abhärtung mit Gewöhnung des Menschen an Kälte gleich. Auch Menger (1978,1982) vertritt hinsichtlich Abhärtungsmaßnahmen bei Kindern die Ansicht, daß eine Infektanfälligkeit nur durch Gewöhnung an Kälte vermindert werden kann. Diese Meinung läßt sich angesichts der Erkenntnisse z. B. zur Saunawirkung heute nicht mehr aufrechterhalten, wobei aber die Tatsache, daß auch Saunabaden mit intermittierenden Kaltreizen verbunden ist, beachtet werden muß.

„Abhärtung" und „Hartsein" im Sinne von Charaktereigenschaften wurden mal als Tugend gepriesen, mal verdammt. Conradi (1984) definiert aus moderner medizinischer Sicht den Begriff der Abhärtung wie folgt und setzt ihn mit Begriffen wie „Konditionierung“ und „Fitmachen“ gleich: „Steigerung der physischen Leistung und Widerstandsfähigkeit des menschlichen Organismus durch systematische Anwendungen von thermischen Reizen, vorwiegend durch Expositionen bei kalten oder sehr kalten Umgebungstemperaturen oder durch Kaltwasser-Prozeduren, verbunden mit einem sportlichen, auf Förderung der Ausdauerleistung gerichteten Training. Der Abhärtung liegen Prozesse der physiologischen Anpassung zugrunde. Dies spielt eine Rolle bei der Persönlichkeitsentwicklung.“

Wir möchten speziell auch für das Eisbaden die *Abhärtung* in Anlehnung an diese Definition als eine *„wiederholte, bewußte oder unbewußte Exposition des Menschen gegenüber natürlichen Reizen mit der Folge einer allgemeinen Erhöhung der Widerstandsfähigkeit über Krankheiten“* definieren. Dies sagt auch aus, daß damit nicht nur eine geringere Anfälligkeit gegenüber grippalen Infekten gemeint ist, sondern daß von der Vorstellung ausgegangen wird, daß der abgehärtete Organismus insgesamt eine höhere gesundheitliche Stabilität aufweist. Es wird versucht, anhand der eigenen Untersuchungen dafür die notwendigen Belege zu erbringen.

1.3 Der Abhärtungsgedanke in der Geschichte

Das Baden in kaltem Wasser läßt sich in der Geschichte weit zurückverfolgen. Es wurde eigentlich schon immer mit Abhärtung und „Hartsein“ identifiziert. Aber auch das Leben unter bestimmten Klimaeinflüssen wurde mit dem Fakt des Abgehärtetseins gleichgesetzt. So verwundert es nicht, was Caesar als ein von der Natur und dem Klima verwöhnter Römer in seinen Kommentaren über den Gallischen Krieg hinsichtlich der Germanen schreibt: „Zwischen den Sitten der Germanen und der Gallier waltet ein erheblicher Unterschied... Jagd und kriegerische Übungen füllt ihr Leben (das der Germanen) aus. Schon von klein auf gewöhnen sie sich an harte Strapazen und üben ihre Ausdauer... Das Weidwerk betreiben sie mit Vorliebe. Diese Beschäftigung nährt durch die Art der Speisen wie durch die tägliche Übung und Ungebundenheit des Lebens ihre Kräfte und macht sie zu Menschen von ungewöhnlicher Körpergröße. Dazu sind sie gewöhnt, trotz des kalten Himmelsstrichs außer Fellen, die wegen ihrer geringen Größe einen beträchtlichen Teil des Körpers unbedeckt lassen, keine Kleidung zu tragen und in den Flüssen zu baden.“

Einige Zeit später (um 100 n. Chr.) berichtet Tacitus in seinem Werk „Germania“ ebenfalls über Leben und Sitten der Germanen. Allerdings verfolgte er wohl mit seiner Schrift einen erzieherischen Aspekt und wollte seinen eigenen Landsleuten einen Spiegel ihrer eigenen Unsitten vor Augen halten. Er schreibt: „Ich trete der Ansicht derer bei, welche glauben, daß die Bevölkerung Germaniens durch keine Wechselehen mit fremden Stämmen gemischt sei, sondern als ein besonderer, unvermischter und in sich selbst ähnlicher Volksstamm dastehe. Daher trotz der großen Anzahl der Menschen die selbe Körperbildung, das selbe trotzig blickende blaue Auge, das rotblonde Haar, der gewaltige Wuchs der Leiber, die freilich nur zu kriegerischem Angriff geschaffen, ohne Ausdauer in Mühe und Arbeit und am wenigsten fähig sind, Durst und Hitze zu ertragen. An Kälte und Hunger hat den Germanen sein Himmelsstrich gewöhnt ... Als Volkstracht dient allgemein ein Mantel. Eine Spange oder, wenn diese fehlt, ein Dorn, hält ihn zusammen. Im übrigen unbekleidet, liegen sie ganze Tage am Herdfeuer ... “.

Auch Tacitus beschreibt das Baden im kalten Wasser. Nach einem Loblied auf die Ehe bei den Germanen („keine ihrer Sitten verdient wohl höheren Ruhm...“) und ihre Gastfreundschaft wird der Tagesablauf dargestellt: „Gleich nach dem Schlafe, der gewöhnlich bis in den Tag sich hinzieht, wird gebadet. Nach dem Bade nimmt man Speise zu sich...“.

Auch in der späteren Geschichte kommt immer wieder das Baden in kaltem Wasser vor. Meist wird von Einzelpersonen berichtet – so von Karl dem Großen, der regelmäßig im kalten Wasser der Flüsse gebadet haben soll.

Besonders populär wurde die Anwendung des kalten Wassers zu Heilzwecken in den letzten Jahrhunderten. In diesem Zusammenhang müssen die Namen Hahn, Winternitz in Wien, Brieger in Berlin, Prießnitz und natürlich Kneipp erwähnt werden. Kneipp schreibt in seinem 1886 erschienenen Buch „Meine Wasserkur“ folgendes:

„Als Abhärtungsmittel nennen wir:
- Das Barfußgehen
- Das Barfußgehen im nassen Gras
- Das Barfußgehen auf nassen Steinen
- Das Barfußgehen im neugefallenen Schnee
- Das Barfußgehen im kalten Wasser
- Das Kaltbaden der Arme und Beine (Füße)
- Der Knieguß (mit oder ohne Oberguß)“

Sebastian Kneipp wurde 1821 in Schwaben (Stephansried) geboren. Sein Vater war ein armer Weber, so daß er noch mit 23 Jahren Gymnasialschüler und erst mit 31 Jahren Priester wurde. Mit 28 Jahren kam er mit den Schriften von Siegmund Hahn (Begründer der Hydrotherapie) in Kontakt, sowie zu den „Wasserfreunden" in München. Hier hat er angeblich selbst Experimente durchgeführt. Später soll er sich durch Kaltbäder in der kalten Donau von der Tuberkulose geheilt haben. Er kann zwar nicht als der Begründer der Hydrotherapie gelten, wohl aber haben sein Wirken und seine Bücher die Hydrotherapie sowie die Naturheilverfahren („Kneipp-Therapie") in weiten Teilen der Bevölkerung popularisiert. Es ist jedoch erwähnenswert, daß schon Kneipp Angst vor dem Abgleiten seiner Methoden in die Kurpfuscherei hatte. So verlangte er, daß die Hydrotherapie Anschluß an die Schulmedizin gewinnen müsse und an den Universitäten gelehrt werden sollte. Damals existierte nur ein Lehrstuhl, der dafür infrage kam: der von Winternitz in Wien. Leider geriet der Gedanke der Abhärtung zumindest in Deutschland in diesem Jahrhundert doch etwas in Verruf, da er im Dritten Reich auch unter Mißbrauch der Anfang des Jahrhunderts populären „Wandervogelbewegung" zunehmend ideologisiert und auch mißbraucht wurde („Flink wie die Wiesel, zäh wie Leder, hart wie Krupp-Stahl").

Auch einer der berühmtesten Sowjetpädagogen, Makarenko, hat in seinem Roman „Der Weg ins Leben" der körperlichen Ertüchtigung und Abhärtung im Sinne der Erziehung zu einem genehmen Staatsbürger ein Denkmal gesetzt. Er beschreibt den Erzieher Nisowij Ivanowitsch Buzai, der die Unzulänglichkeiten seiner körperlichen Anlagen durch extreme Aufbietung aller Willenskraft und durch Gewalt zu verbessern suchte. So hat er trotz wiederholter Lungenentzündungen regelmäßig im Winter in einem kalten Fluß gebadet, um seinen Körper zu stählen.

Es hat den Anschein, daß es nach dem Zweiten Weltkrieg noch einer geraumen Zeit bedurfte, bis frei von Ideologie und von Vorurteilen über den Abhärtungsgedanken und noch allgemeiner über die Naturheilverfahren diskutiert werden konnte.

Die einzige uns bekannt gewordene Anwendung des Winterschwimmens zu Heilzwecken stammt von der Nordsee. Menger berichtete 1989 über die erfolgreiche Anwendung von kalten Seebädern auch bei 0° C Wassertemperatur bei jugendlichen Asthmatikerinnen mit kältereaktivem Bronchospasmus. Es ist bemerkenswert, daß auch diese Mädchen, denen das kurzzeitige kalte Seebad bei 0° C zugemutet wurde, nach 15minütigem Spaziergang an kalter

Luft einen – wenn auch geringen – Bronchospasmus zeigten. Dagegen verbesserte sich die Atemfunktion nach dem ausgeprägten Kaltreiz des Seebades. Der intensive Ganzkörperkältereiz wirkt also völlig anders als ein lokaler Reiz und kann therapeutisch genutzt werden.

1.4 Die Geschichte des Winterschwimmens

Obwohl Kälteanwendungen an sich in der Medizin eine lange Tradition haben, ist die Geschichte des eigentlichen Winterschwimmens bzw. Eisbadens relativ kurz. Seine Wurzeln hat das Winterschwimmen auch nicht in der Medizin, sondern es hat sich aus Laienkreisen heraus entwickelt. Meistens stand dabei der Aspekt der körperlichen Ertüchtigung bzw. der gesundheitlichen Stabilisierung im Vordergrund. Galt das Eisbaden bisher als Außenseitermethode, so hat es sich doch in den letzten Jahren zu einer mehr oder weniger organisierten Sportart entwickelt. In Deutschland hat es seine Tradition besonders in den neuen Bundesländern. Hier wurde es seit Ende der 70er Jahre zunehmend populär. Zuletzt waren im ehemaligen Schwimmsportverband des DTSB ca. 1000 Winterbader organisiert. Aber auch aus den alten Bundesländern sind z. B. von der Nordsee her Vereinigungen bekannt, die das Winterschwimmen popularisieren.

Auch in der Tschechei ist eine ähnliche Verbreitung zu spüren. Ebenso sind aus Dänemark, Finnland, Italien und den USA vergleichbare Bewegungen bekannt.

Die Herkunft und damit auch die Zielsetzung und der Ablauf des Winterschwimmens unterscheiden sich jedoch in den einzelnen Ländern. So hat sich dieser Sport z. B. in der ČSR aus dem Rettungsschwimmen heraus entwickelt. In Prag findet seit über 50 Jahren um den 2. Weihnachtsfeiertag herum das sog. Nicodem-Gedächtnis-Schwimmen statt, bei dem sich Winterschwimmer aus unterschiedlichen Ländern an der Moldau treffen. Hier läuft das Winterschwimmen entsprechend leistungsorientiert ab und ist oftmals mit dem Abschwimmen bestimmter Strecken (100 bis 1000 m) kombiniert. Aus medizinischer Sicht erscheint es nicht ganz unbedenklich, wenn bei dieser Sportart ein Leistungsdruck herrscht.

In Deutschland standen dagegen von Anfang an der Abhärtungsgedanke und das Streben nach Spaß und Freude im Vordergrund.

Abb. 1: Beispiel für die „Selbstdarstellung" eines Berliner Eisbade-Clubs (Titelblatt einer Einladung).

Die Mehrzahl der Veranstalter achtet streng darauf, daß keinerlei Strecken oder Badezeiten vorgegeben werden. Das subjektive Wohlbefinden bestimmt ganz den Ablauf des Winterbadens, das 1 bis 3 x wöchentlich erfolgt und von wenigen Sekunden bis zu einigen Minuten Dauer reicht. Auch in den Sommermonaten wird unter den Winterschwimmern der Abhärtungsgedanke propagiert – vorwiegend in Form von kaltem Duschen, Langstreckenschwimmen (z. B. das sog. Sund-Schwimmen in Stralsund) und sportlicher Betätigung.

Entfernt kann man auch das Neujahrsspringen von einer Tiberbrücke in Rom erwähnen, was jedoch mit dem in Deutschland verbreiteten Abhärtungsgedanken nichts gemein hat und vielmehr im Sinne einer Mutprobe zu sehen ist. Ähnliches trifft auch auf manche Skiveranstaltungen zu, bei denen ein Skilauf mit einem Sprung ins kalte Wasser beendet wird.

Von einer der Begründerinnen des Berliner Eisbadens gibt es eine nette Erzählung. Als diese Frau im Alter von ca. 60 Jahren stand, zog sie sich eine Schenkelhalsfraktur zu. Nach Ausheilung derselben riet ihr der Arzt, zur weiteren Rekonvaleszenz regelmäßig Schwimmen zu gehen. Er empfahl ihr dabei ein Freibad, vergaß jedoch zu sagen, daß sie das Schwimmen im Winter einstellen soll. So hat sie „vom Sommer in den Winter hinein" gebadet und diese Angewohnheit bis ins hohe Alter hinein (über 80 Jahre) beibehalten.

Regelmäßig veranstalten die Winterbader Treffen, bei denen auch ganz der Spaß und die Geselligkeit im Vordergrund stehen. Clubs aus den verschiedensten Orten, die sich treffend „Eisbären", „Seehunde", „Robben" o. ä. nennen, treffen sich dabei mehrmals im Jahr. Eine besondere Anziehungskraft hat z. B. auch das Treffen der Winterbader in Berlin, das regelmäßig an einem Wochenende Anfang Januar in Berlin-Weißensee am Orankesee stattfindet. Inzwischen ist es zu einer festen Tradition geworden.

2 Zur Praxis des Winterschwimmens

2.1 Erwärmungsmaßnahmen vor und nach dem Bad

Der konkrete Ablauf des Eisbades hängt sehr von den äußeren Bedingungen ab. So ist es sicher ein Unterschied, ob für das Umkleiden eine beheizte Kabine zur Verfügung steht oder aber ob sich die Sportler im Freien umkleiden müssen. Bei entsprechenden Witterungsbedingungen ist es erforderlich, daß zunächst eine eisfreie Fläche geschaffen wird. Dazu wird der Eisdecke mit Äxten und Sägen zu Leibe gerückt und die Schollen werden z. B. unter das übrige Eis geschoben. Im allgemeinen werden vor dem eigentlichen Eisbaden kurze Erwärmungsmaßnahmen durchgeführt. Diese können in einem Lauf von einigen Minuten um den See bestehen, in einer gemeinsamen Gymnastik oder einem Ballspiel. Meist tragen die Sportler eine je nach Witterung angemessene Sportkleidung.

Vielfach ist es üblich, auch nach dem Eisbad eine sportliche Betätigung zur Wiedererwärmung durchzuführen. Einige Gruppen der Winterbader haben jedoch in den letzten Jahren aufgrund von medizinischen Berichten darauf verzichtet, da intensivere Muskeltätigkeit nach einem so intensiven Kaltreiz wie dem Eisbaden durchaus auch mit Risiken verbunden sein kann. Grundlage für diese Thesen bildeten Beobachtungen an Schiffbrüchigen, bei denen es mitunter nach der Bergung zum sog. Bergungskollaps kommen kann (Killian, 1966). Man stellt sich die Ursache dafür so vor, daß sich in den Extremitäten – besonders in den Beinen – nach dem Kaltreiz bzw. der Unterkühlung sehr viel kaltes Blut befindet. Wird nun die Muskelpumpe durch körperliche Betätigung aktiviert, so gelangt dieses kalte Blut in das Körperinnere und auch zum Herzen. Dieser direkte thermische Einfluß auf das Reizbildungs- und Reizleitungssystem des Herzens wird für den Bergungskollaps verantwortlich gemacht. Zwar ist uns bisher kein Fall bekannt geworden, wo derartige Komplikationen auch beim Winterschwimmen eingetreten sind, dennoch würden wir als Vorsichtsmaßnahme von einer sportlichen Betätigung nach dem Winterbaden abraten. Sinnvoller erscheint uns dagegen – sofern es die äußeren Umstände gestatten – die Zufuhr von heißen Getränken, um den Wiedererwärmungsprozeß zu beschleunigen. Kritisch muß allerdings hier angemerkt werden, daß Alkohol bei den Wiedererwärmungsmaßnahmen nichts zu suchen

Das Eisbaden ist stets auch ein „Medien-Spektakel".
Foto: Ullstein – Alexander Fedorenko

haben sollte. Alkohol hemmt bekanntermaßen das Gefäßspiel und damit auch die thermoregulatorisch sinnvollen Abwehrvorgänge gegenüber der Kälte. Über paradoxe Reaktionen muß man sich demzufolge also bei Alkoholgenuß im Zusammenhang mit intensiven thermischen Reizen (z. B. auch der Sauna!) nicht wundern.

2.2 Verhalten beim eigentlichen Eisbaden

Auch an dieser Stelle soll nochmals betont werden, daß sich das Verhalten beim eigentlichen Eisbad ganz nach subjektiver Verträglichkeit richten sollte. Bei der Mehrzahl der Clubs in Deutschland gibt es damit auch keinerlei Probleme – Wettbewerbscharakter wird hier grundsätzlich vermieden. Dies ist bei der Geschichte des Eisbadens, die in Deutschland ganz aus den Gedanken der Abhärtung heraus geprägt ist, auch nicht weiter verwunderlich und zu begrüßen. Derjenige, der mehrere Minuten im Eiswasser verbringt, ist also in keiner Weise „besser“ angesehen als der, der nur für wenige Sekunden in das kalte Naß eintaucht. Damit ist auch der eigentliche Ablauf schon charakterisiert: Im allgemeinen gehen die Winterbader entweder nackt oder in Badekleidung kurz in das Eiswasser, gestattet die Größe der eisfreien Fläche ein Schwimmen, so werden auch einige Schwimmstöße durchgeführt. Manche Eisbader bevorzugen es jedoch, ruhig an einer Stelle zu verharren oder auch im Wasser zu „planschen“. Unmittelbar danach wird das Wasser verlassen, in den Umkleidekabinen oder am Ufer erfolgen das Abtrocknen und das Ankleiden.

2.3 Aufenthaltsdauer im Eiswasser

Es wurde schon erwähnt, daß die Aufenthaltsdauer im Eiswasser zwischen wenigen Sekunden und einigen Minuten schwanken kann. Dabei besteht eine offensichtliche Diskrepanz zwischen den objektiv gemessenen Zeiten und der subjektiv empfundenen bzw. angegebenen Aufenthaltsdauer (Abb. 2). Es ist nicht weiter verwunderlich, daß bei dem extremen Kaltreiz die Aufenthaltsdauer fast um das Doppelte überschätzt wird. Wir haben durchschnittliche Aufenthaltszeiten von 2,9 Minuten im Eiswasser gemessen, die subjek-

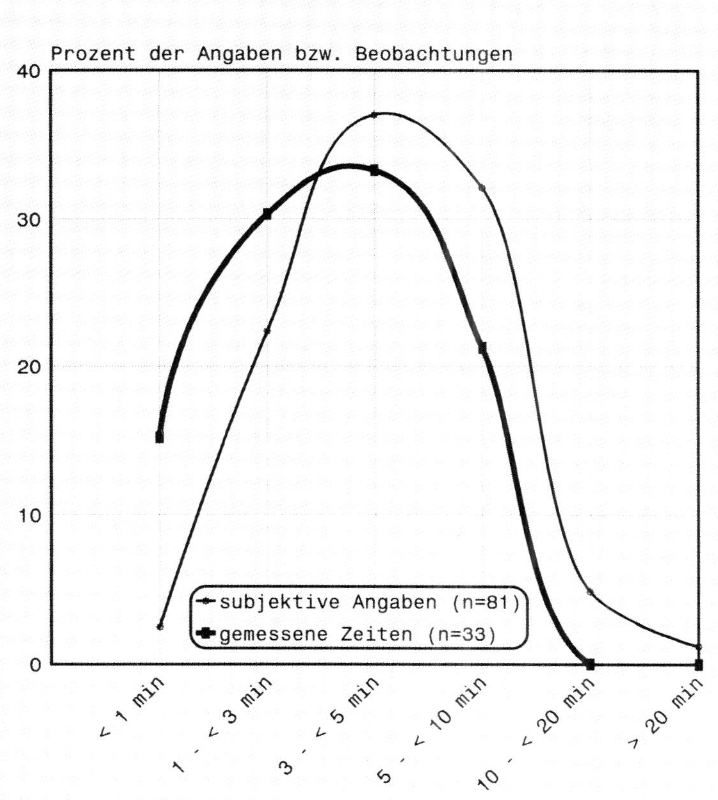

Abb. 2: Aufenthaltsdauer im Eiswasser.

tiven Angaben lagen hingegen bei 4,4 Minuten. Maximal wurden von uns Aufenthaltsdauern um die 10 Minuten gemessen – an anderer Stelle wird jedoch noch darauf eingegangen, daß hier bereits Risiken gesehen werden, so daß vor Übertreibung gewarnt werden muß. Auch für den angepaßten und adaptierten Probanden sind 10 Minuten sicherlich eine zu lange Zeit.

2.4 Ein Sport für Außenseiter?

2.4.1 Alters- und Geschlechtsverteilung der Eisbader

In der Abbildung 3 erkennt man, daß das Eisbaden offensichtlich eine Sportart ist, für die es keine Altersbeschränkung gibt. Bei den Männern scheint aber das mittlere Lebensalter zu überwiegen, bei

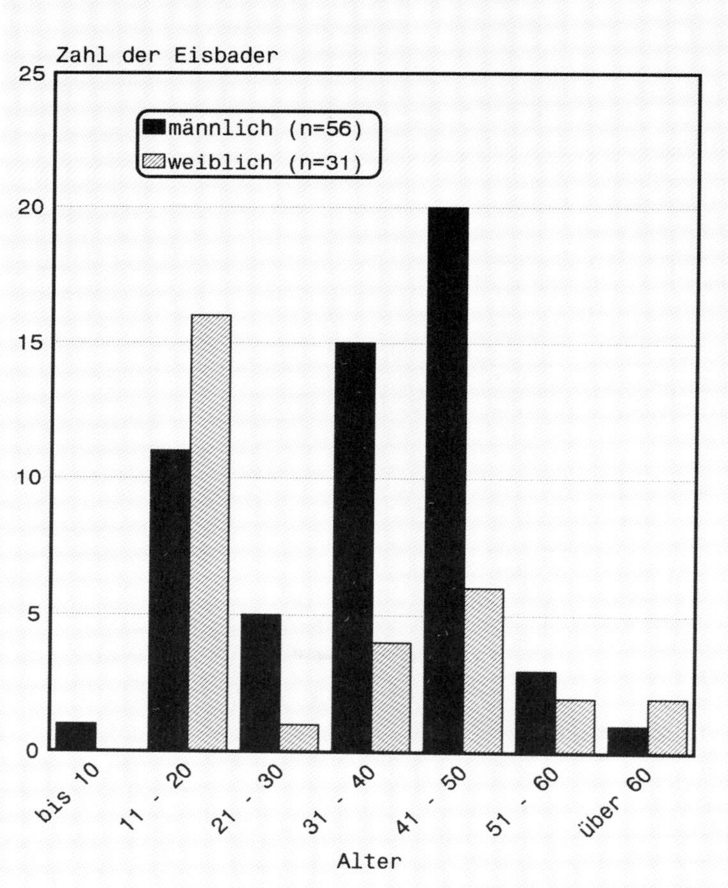

Abb. 3: Alters- und Geschlechtsstruktur der Eisbader.

den Frauen das jugendliche. Bemerkenswert ist aber der insgesamt relativ hohe Anteil von Kindern und Jugendlichen bis zum 20. Lebensjahr. Aber auch über 60jährige, sogar über 80jährige betreiben diesen Sport.

Betrachtet man dagegen das Verhältnis von männlichen zu weiblichen Sportlern, so ist doch klar erkenntlich, daß sich das männliche Geschlecht weit mehr zu dieser relativ extremen Sportart hingezogen fühlt als das weibliche. Wir haben fast doppelt so viele männliche Sportler gesehen wie Frauen.

2.4.2 **Soziale Struktur**

Die Abbildung 4 zeigt die soziale Struktur der Eisbader. Auffällig ist ein relativ hoher Anteil akademischer Berufe. Hier dominieren wiederum Lehrer und Ärzte. Entsprechend der Altersstruktur sind auch viele Schüler und Auszubildende unter den 81 Befragten vertreten. Facharbeiter und Arbeiter sind dagegen mit 15 % eher unterrepräsentiert. Man kann hieraus wohl ableiten, daß der Eisbadesport von den meisten wohl doch bewußt als Maßnahme zur Gesunderhaltung gewählt wurde. Unabhängig vom sozialen Status erschien uns auch, daß solche Faktoren wie z. B. das Demonstrieren von Kraft, Stärke und Männlichkeit nur wenig vertreten waren.

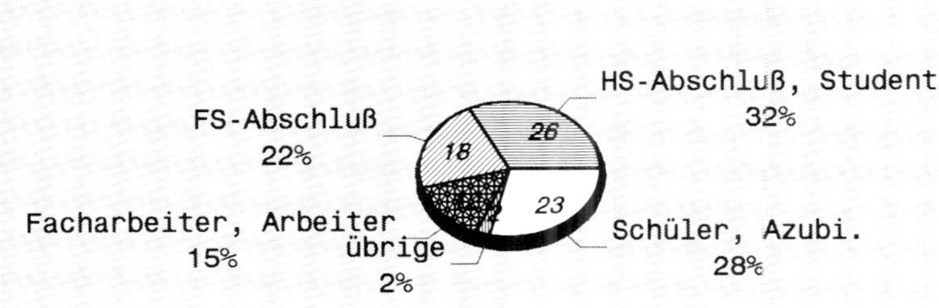

Abb. 4: Soziale Struktur der Eisbader.

2.4.3 **Motivation für das Eisbaden**

Mit Hilfe einer Fragebogenaktion wurden annähernd 100 Eisbader befragt. Von 85 erhielten wir dabei verwertbare Angaben. Um die mögliche Breite der Antworten nicht von vornherein einzuengen, stellten wir die Frage nach der Motivation für das Eisbaden so, daß diese frei beantwortet werden konnte. Erst im Nachhinein haben wir uns um eine Klassifikation bemüht, wobei auch mehrfache Nennungen berücksichtigt werden konnten. Die Tabelle 1 zeigt die gewonnenen Resultate. Es ist erkenntlich, daß auch hier der Spaß und das Bestreben nach Abhärtung und gesundheitliche Stabilisierung dominieren. Die Prozentzahlen beziehen sich dabei auf die Gesamtzahl der 85 Befragten (Mehrfachnennungen waren – wie schon erwähnt – möglich) Es fällt auch auf, daß einige ganz bewußt gesundheitliche Aspekte bzw. gesundheitlicher Störungen als Anlaß für die Aufnahme der Sportart wählten. So gaben 5 % an, das Eisbaden gezielt zur Kreislaufstabilisierung zu betreiben. Ganz am Ende der Skala stehen solche Gründe wie eine Wette oder Langeweile. Aber auch – und das ist immerhin bemerkenswert – der Wunsch, weniger zu frieren, war nur bei einem der Befragten Grund für die Aufnahme des Winterbadens.

Motivation	**Zahl der Nennungen**	**Prozent**
Spaß	34	40 %
Abhärtung	18	21 %
Neugier	12	14 %
durch Verwandte oder Freunde motiviert	10	12 %
zur gesundheitlichen Stabilisierung oder Erhöhung des Wohlbefindens	10	12 %
Selbstbestätigung	7	8 %
Wunsch nach sportlicher Betätigung	6	7 %
gezielt zur Kreislaufstabilisierung	4	5 %
Lektüre entsprechender Publikationen	2	2 %
Wette	2	2 %
Langeweile	2	2 %
Wunsch, weniger zu frieren	1	1 %

Tab. 1: Motivationen für das Eisbaden. Der Spaß und das Bestreben nach Abhärtung und gesundheitlicher Stabilisierung dominieren. Die Prozentzahlen beziehen sich auf die Gesamtzahl der 85 Befragten (Mehrfachnennungen waren möglich).

2.4.4 **Wie lange wird der Sport betrieben?**

In der Abbildung 5 ist die Dauer des Betreibens der Sportart in Jahren aufgeführt. Dabei wurde wiederum zwischen Männern und Frauen unterschieden. Man erkennt deutlich, daß offenbar die Mehrzahl der Eisbader ihrem Sport über viele Jahre hin treu bleibt. Dies scheint im besonderen auf die Frauen zuzutreffen. Möglicherweise kommt hier ein weiblicher Charakterzug zum Ausdruck – eine einmal begonnene Sache auch konsequent weiterzuführen.

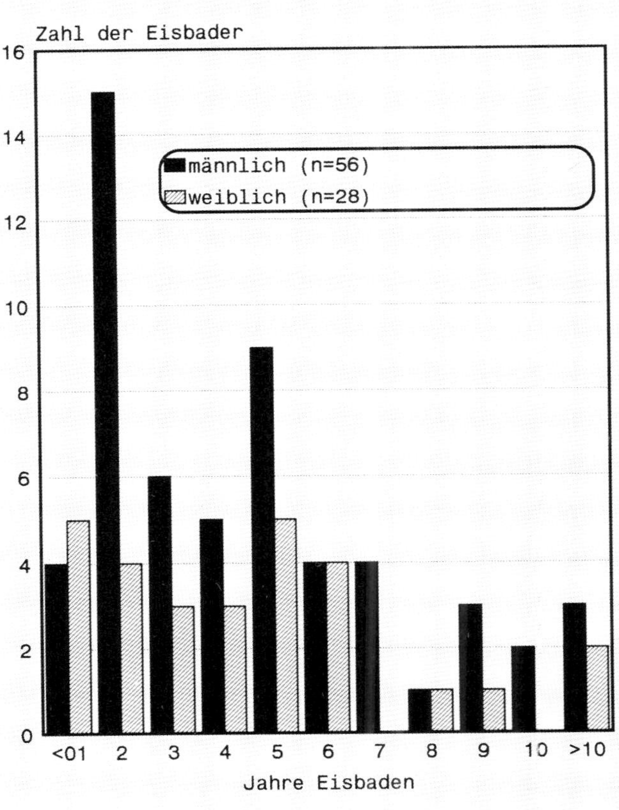

Abb. 5: Dauer des Betreibens der Sportart.

3 Physiologie des Winterschwimmens

3.1 Wirkung auf den Wärmehaushalt

3.1.1 Unmittelbare Effekte

Es ist zu erwarten, daß ein thermisch so intensiver Reiz wie das Winterschwimmen in erster Linie auch zu Veränderungen am Wärmehaushalt führt. Um die thermische Belastung näher zu charakterisieren, haben wir mit einem Quecksilberthermometer die unter der Zunge gemessene Sublingualtemperatur als Maß für die Körperkerntemperatur erfaßt und mit einem elektrischen Kontaktthermometer die Hauttemperatur in verschiedenen Körperregionen gemessen. Vor der Registrierung der Ausgangstemperaturen wurde jeweils eine zehnminütige Akklimatisationszeit eingehalten. Die Abbildung 6 zeigt die gewonnenen Ergebnisse. Dabei ist erkennbar, daß für die Reaktion und auch speziell für die Ausgangstemperaturen die äußeren Umgebungsbedingungen entscheidend sind. So stand für die Messungen in Berlin (n = 5) ein beheizter Umkleideraum von 24° C zur Verfügung, wohingegen in Lubmin (n = 9) nur ein unbeheizter Wachturm am Strand mit einer Temperatur knapp über dem Gefrierpunkt benutzt werden konnte. In beiden Fällen sinkt die Sublingualtemperatur durchschnittlich um nur ca. 0,5 Grad. Die Hauttemperatur ist dagegen nach dem Eisbad um durchschnittlich 8 Grad abgesunken, nähert sich jedoch bei warmen Umgebungsbedingungen (Berlin) nach ca. 30 Minuten wieder den Ausgangstemperaturen. Generell haben die Akren (Fingerspitzen) die niedrigsten Werte. Dies ist bei der physiologischen Funktion der Akren als Hauptstellglied der Thermoregulation auch nicht anders zu erwarten. Allgemein liegen die Temperaturen bei den Probanden in Lubmin signifikant unter den in Berlin gemessenen Werten. Auch die Sublingualtemperatur läßt 30 Minuten nach dem Eisbad noch keine Tendenz zu der Rückkehr zu den Ausgangswerten erkennen – die thermische Belastung ist hier also erheblich größer. In der Praxis wird das Winterschwimmen meist so wie in Lubmin betrieben – d. h., ohne die Möglichkeit zum schnellen Aufwärmen. Das erklärt auch das teilweise stundenlange Frieren nach dem Eisbad.

Es ließ sich weder eine Beziehung zum Alter, noch zum Geschlecht oder der Konstitution auf die von uns gemessenen Reaktio-

Ein Winterschwimmer in Moskau beim Verlassen des Wassers. Gerade in Rußland ist das Winterschwimmen sehr verbreitet. Foto: Reuters

nen der Haut und Sublingualtemperatur sichern. Allerdings bestand ein Eindruck einer erheblichen interindividuellen Variabilität hinsichtlich der Kälteempfindlichkeit.

In Bezug auf ihre thermische Wirkung sind kalte Seebäder, über die in der Literatur relativ häufig berichtet wird, noch am ehesten mit dem Winterschwimmen vergleichbar. Der Einsatz kalter Seebäder

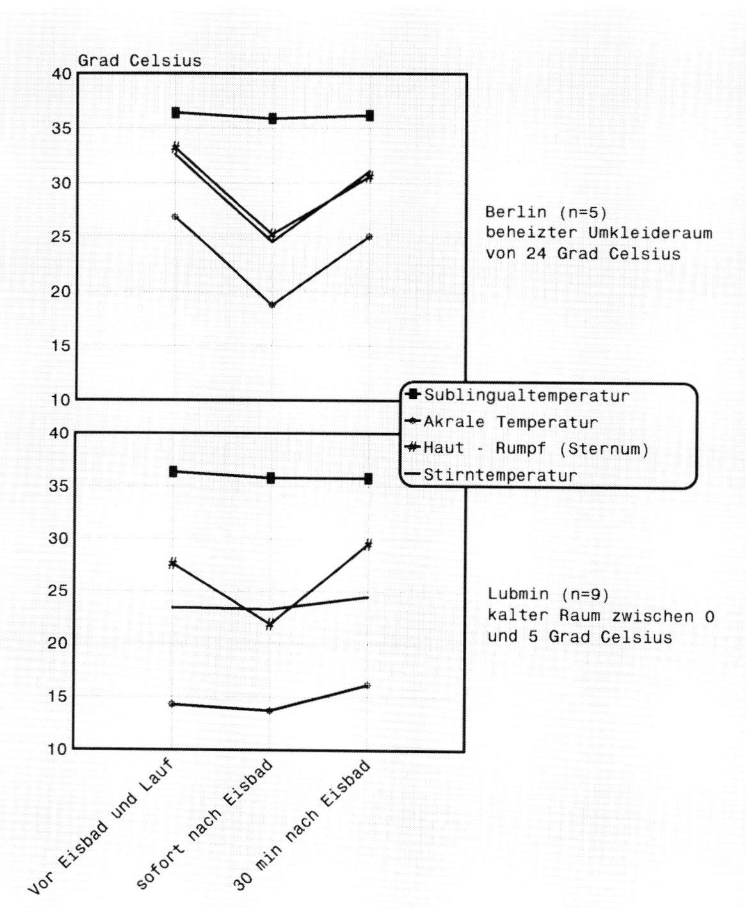

Abb. 6: Reaktion des Wärmehaushaltes auf ein Eisbad.

zu Abhärtungszwecken ist schon seit längerem üblich. Zu beachten ist dabei, wie auch beim Winterschwimmen, daß aufgrund der besseren Wärmeleitung des Wassers diese Bäder etwa 25 mal so intensiv wie Luftbäder gleicher Temperatur wirken (Menger und Mantel, 1978). Pirlet (1960) zufolge kann der Abfall der Kerntemperatur beim kalten Seebad (12–18° C Wassertemperatur) bis zu 3 Grad betragen. Diese Angaben verdeutlichen, daß die thermische Belastung des Körperkerns beim ausgedehnten kalten Seebad in der warmen Jahreszeit wesentlich größer sein kann als beim kurzzeitigen Winterschwimmen im ruhigen Gewässer.

Der hauptsächliche thermische Effekt ist also beim Winterbaden in dem thermischen Hautreiz zu sehen. Dennoch sollte die Möglichkeit einer Unterkühlung mit einem weiteren Absinken auch der Körperkerntemperatur zumindest bei dem Fehlen von warmen Umkleideräumen nicht unterschätzt werden.

3.1.2 Faktoren, die die Kälteempfindlichkeit bestimmen

3.1.2.1 Alter und Geschlecht

Hinsichtlich der Abhängigkeit der Kältetoleranz vom Geschlecht gibt es unterschiedliche Meinungen in der Literatur. Während nach Menger und Mantel (1978) weibliche Personen wegen des anders ausgeprägten Fettgewebes ein kaltes Seebad länger tolerieren können als Männer, wurde von McArdle und Mitarbeiter 1984 gezeigt, daß Frauen schon in einem Wasserbad von 20 bzw. 24 Grad mehr Wärme verlieren als Männer mit vergleichbarem Fettgewebe. Bei etwa ähnlicher Konstitution sind Frauen somit kälteempfindlicher als Männer einzuschätzen, was auch den Beobachtungen beim Eisbaden entspricht.

Die Abbildung 7 zeigt eindeutig, daß Frauen insgesamt länger frieren, wobei die Tendenz zum Frieren unter 15 Jahre und über 40 Jahre besonders groß ist. Da es sich bei diesen Angaben jedoch um subjektive Angaben handelt, müssen diese sicher relativiert werden. Die durchschnittliche Dauer des Frierens liegt hier nämlich nur im Minutenbereich – wir konnten jedoch beobachten, daß mitunter auch Stunden nach einer thermischen Belastung durch das Eisbaden noch vereinzeltes Kältezittern oder auch Störungen in der Koordination zu beobachten waren. Möglicherweise wird von Männern und Frauen auch die subjektive Empfindung des Frierens anders bewertet.

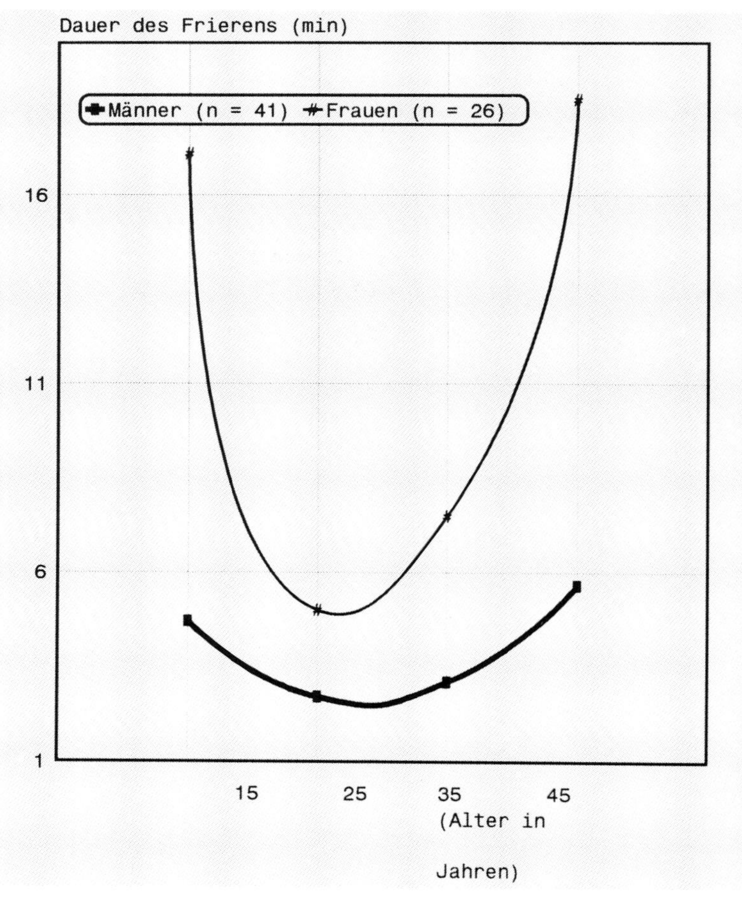

Abb. 7: Alters- und Geschlechtsabhängigkeit des Frierens.

3.1.2.2 **Konstitution**

Neben dem Alter und dem Geschlecht ist die Konstitution eine bedeutende Größe, die die Kälteempfindlichkeit determiniert. Mehrfach wurde in der Literatur beschrieben, daß der Wärmeverlust im kalten Bad von der Ausprägung des subcutanen Fettgewebes abhängig ist (Boutelier und Timbal, 1974; Menger und Mantel, 1978). Bei Personen mit wenig Fettgewebe ist der Wärmeverlust in kühlen Bädern größer. Dieser Zusammenhang kann auch beim Eisbaden anhand der mittleren Hautfaltendicke und der tolerierten Aufenthalts-

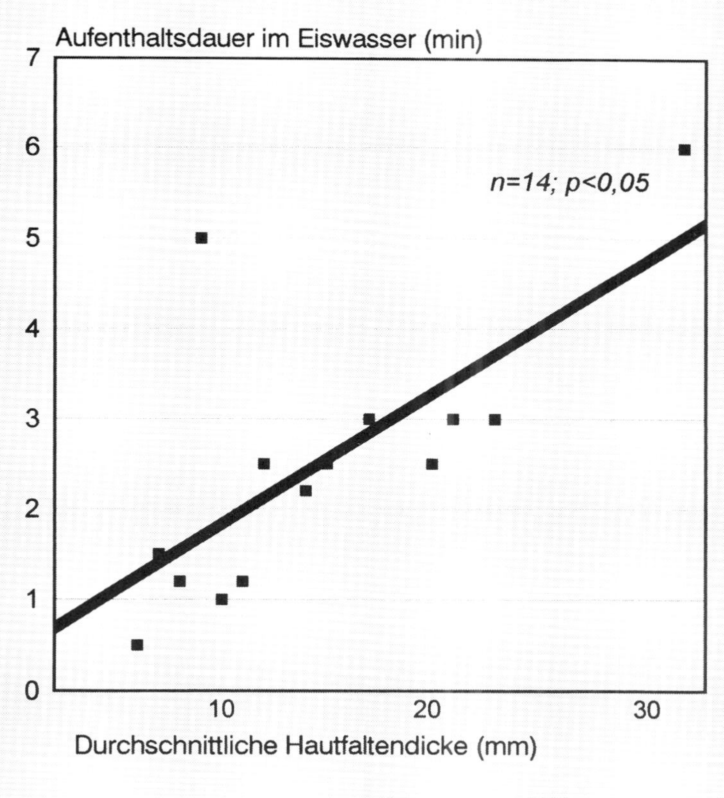

Abb. 8: Zusammenhang zwischen Hautfaltendicke und Aufenthaltsdauer im Eiswasser.

dauer im Eiswasser bestätigt werden (Abb. 8). Adipösere können signifikant länger im Eiswasser ausharren als schlanke Personen. Das hängt mit der größeren Isolationsschicht und damit dem geringeren Wärmeabstrom in der Kälte zusammen.

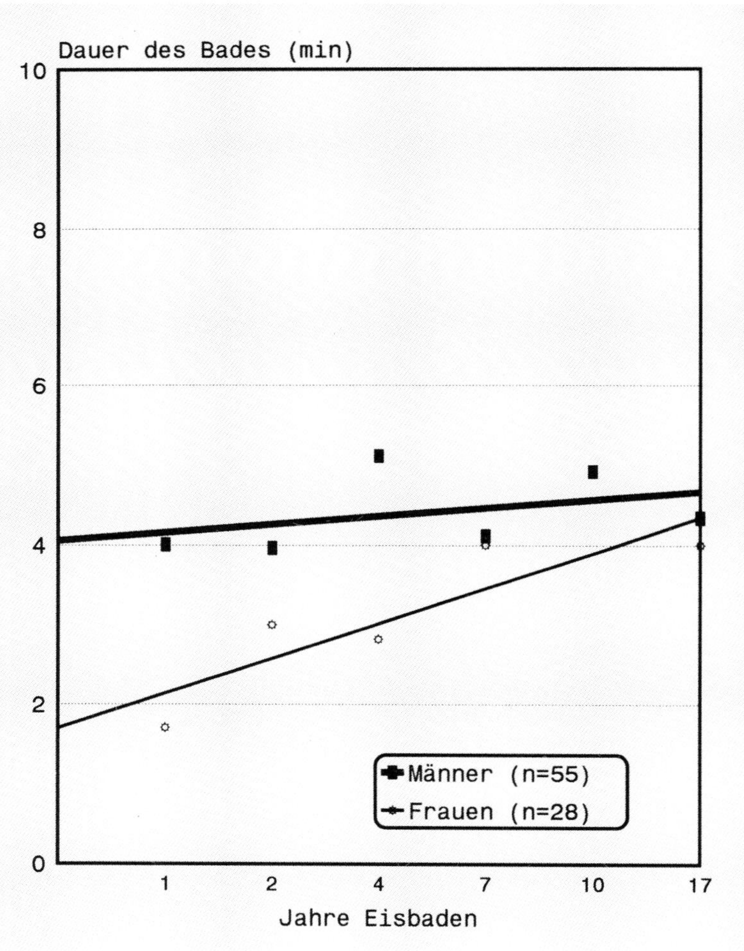

Abb. 9: Dauer des einzelnen Eisbades in Abhängigkeit vom Anpassungsgrad.

3.1.2.3 **Anpassungsgrad**

Auch der Anpassungsgrad spielt eine Rolle für die Kälteempfindlichkeit. Diese Aussage muß man jedoch differenziert sehen. Zunächst haben wir die subjektiven Angaben hinsichtlich der Dauer des Eisbadens von 55 Männern und 28 Frauen ausgewertet (Abb. 9). Man muß hier wiederum bemerken, daß die realen Zeiten des Bades unter diesen Angaben liegen dürften. Dennoch erkennt man einen – wenn auch nur geringen Trend – zur Steigerung der Aufenthaltszeiten und damit der Kältetoleranz im Eiswasser mit zunehmendem Anpassungsgrad. Bei Frauen scheint dieser Effekt sogar noch ausgeprägter zu sein als bei Männern. Soweit entsprechen die Ergebnisse sicher auch den Erwartungen, daß ein Kältegewohnter mehr Kälte toleriert als ein Ungewohnter.

Zu einer etwas anderen Aussage gelangt man, wenn man den Anpassungsgrad (Jahre Eisbaden) und die Dauer des Frierens nach dem Eisbad in Beziehung setzt. Hier wurden nur die Angaben von Männern (n = 55) verwertet, da bei den Frauen zum einen eine deutliche Altersabhängigkeit bestand und zum anderen kein signifikanter Zusammenhang zwischen den Meßgrößen nachgewiesen werden konnte (Abb. 10). Es ist erkennbar, daß bei einem vieljährigen Betreiben des Eisbadens (etwa über 10 Jahre) die Dauer des Frierens nach dem Bad sogar zunimmt. Dies dürfte seine Erklärung an den an anderer Stelle beschriebenen funktionellen und morphologischen Veränderungen der Durchblutungsregulation an den Akren (speziell an den Händen) finden. Langjährige Eisbader haben nämlich ähnlich wie z. B. die Fischer, die auch im Winter ihre Hände ständig dem kalten Wasser aussetzen, eine in Kälte wesentlich bessere Durchblutung der Hände. Dies ist aus thermoregulatorischer Sicht zunächst unverständlich, da ja über diesen Mechanismus auch vermehrt Wärme verlorengeht. Andererseits handelt es sich aber um eine sinnvolle Anpassung, da damit die Arbeitsfähigkeit der Akren – also der Hände – auch unter kalten Umgebungsbedingungen erhalten bleibt. Wir haben es hier also mit den Folgen einer spezifischen Anpassung an Kälte zu tun.

Da anzunehmen ist, daß die Dauer des einzelnen Eisbades und die Dauer des Frierens nicht nur von der Zahl der Jahre abhängt, die der Eisbadesport betrieben wird, sondern von weiteren Einflußfaktoren mitbestimmt wird, haben wir auch einmal die Dauer eines einzelnen Eisbades und die Zeit des Frierens danach miteinander in Beziehung gesetzt (siehe Abb. 11). Bei den Zahlen handelt es sich

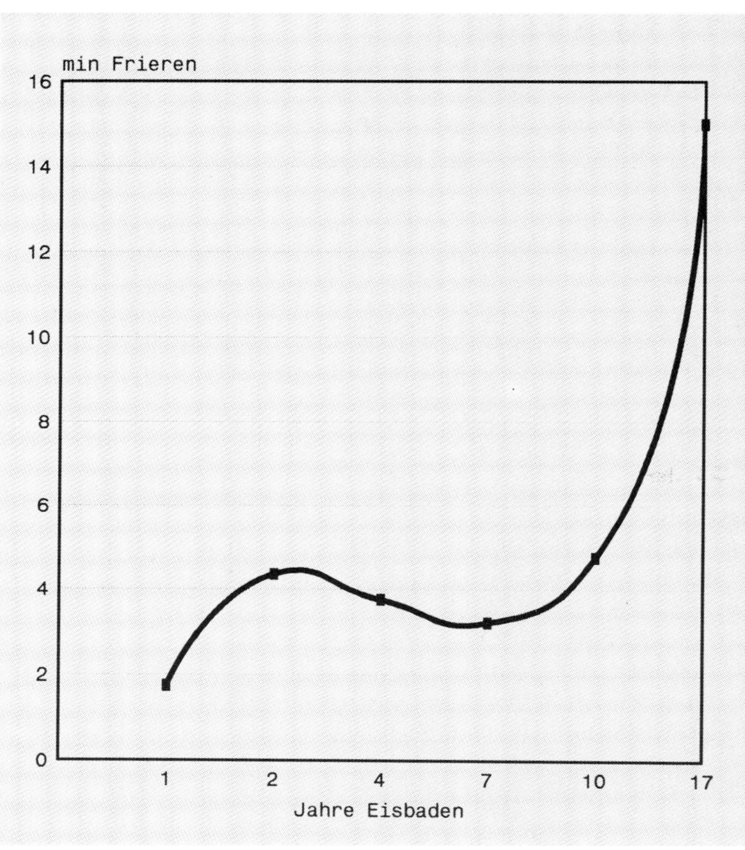

Abb.10: Zusammenhang zwischen den Anpassungsgrad und der Dauer des Frierens nach dem Eisbad.

wiederum um subjektive Angaben der Eisbader. Es ist erkennbar, daß eine kurze Dauer des Eisbades bis zu einer Dauer von ca. 5 Minuten offenbar von den Probanden bevorzugt wird, die zu langem Frieren neigen. Dies trifft insbesondere auf die Frauen zu. Eine Badedauer über ca. 5–8 Minuten geht dann aber in jedem Fall auch mit einem längeren Frieren einher. Ganz allgemein kann man davon ausgehen, daß Frauen bei gleichen Aufenthaltszeiten im Eiswasser länger frieren als Männer.

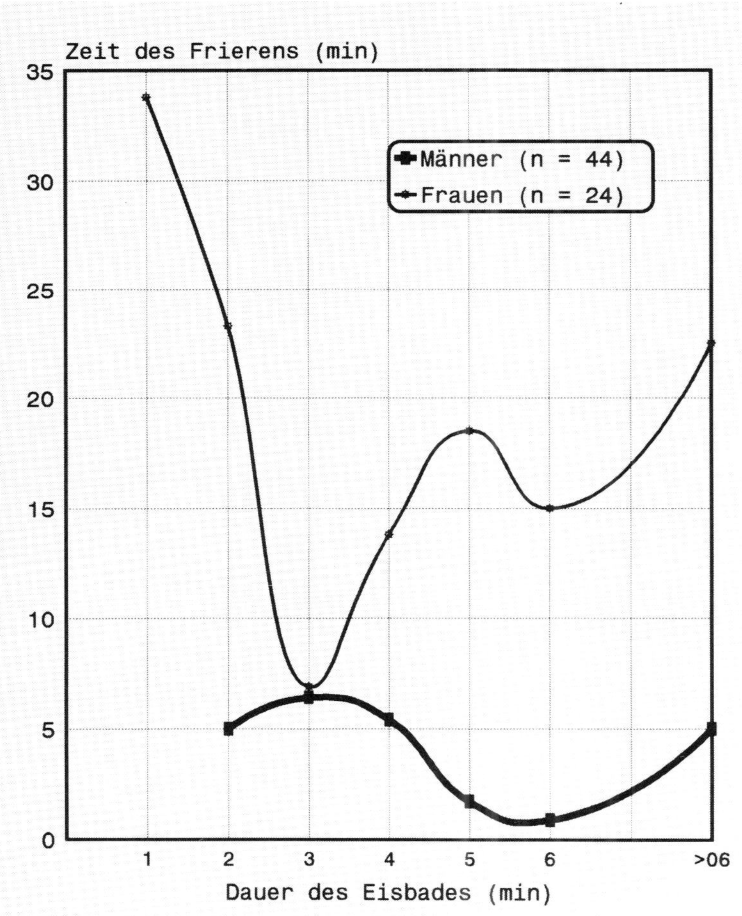

Abb.11: Dauer des einzelnen Eisbades und Zeit des Frierens nach dem Bad.

3.1.3 **Langfristige Anpassungserscheinungen**

Über die langfristigen Anpassungserscheinungen der Wärmeregulation wurde im Prinzip schon im Zusammenhang mit den Reaktionen auf das einzelne Bad berichtet. Zusammenfassend kann man für den

Wärmehaushalt nochmals folgende typischen langfristigen Anpassungen hervorheben:

1. Eisbadegewohnte tolerieren längere Aufenthaltsdauern im Eiswasser als Ungewohnte.
2. Bei langjährigen Eisbadern ist das Frieren nach einem Eisbad sogar ausgeprägter als bei Sportlern, die das Eisbaden erst wenige Jahre betreiben. Neben der möglicherweise längeren Aufenthaltsdauer im Eiswasser dürfte dies vor allem mit thermoregulatorischen Umstellungen (bessere Durchblutung der Akren in Kälte) zusammenhängen.

Auf weitere thermoregulatorische Umstellungen, die besonders den Kreislauf betreffen, wird an anderer Stelle noch ausführlicher eingegangen.

3.2 Wirkung auf den großen Kreislauf und das EKG

3.2.1 Unmittelbare Effekte

Das Herz- und Kreislaufsystem ist bekanntlich eines der Hauptstellglieder der Thermoregulation. Bei einem so thermisch intensiven Reiz wie dem Winterbaden ist es logisch, daß es dasjenige Organsystem ist, was mit die größten Veränderungen zeigt. Zur Bestimmung der Herz-Kreislaufbelastung wurden insgesamt 9 Eisbader untersucht. Das EKG wurde dabei telemetrisch mit einem kleinen Sender übertragen. Später ließ sich daraus nicht nur eine überschlägige Auswertung des EKG's vornehmen, sondern es wurden daraus auch die Herzfrequenz und die physiologische Unregelmäßigkeit der Herzschlagfolge – die Sinusarrhythmie (durchschnittliche Differenz zweier aufeinanderfolgender Herzperioden) – berechnet. Der Blutdruck wurde herkömmlich manuell nach Riva Rocci bestimmt. Betrachten wir zunächst die Herzfrequenz sowie die Unregelmäßigkeit des Herzschlags, die Sinusarrhythmie (Abb. 12). Die Sinusarrhythmie wird noch einmal genauer im Zusammenhang mit dem vegetativen Herznerventonus besprochen, da sie im Gegensatz zur Herzfrequenz ausschließlich von einem der beiden Herznerven, dem Vagus, beeinflußt wird. Die Herzfrequenz unterliegt dagegen sowohl dem Einfluß von Sympathikus als auch dem von Vagus.

Aus dem Wertepaar Herzfrequenz / Sinusarrhythmie läßt sich daher der aktuelle vegetative Herznerventonus ableiten.

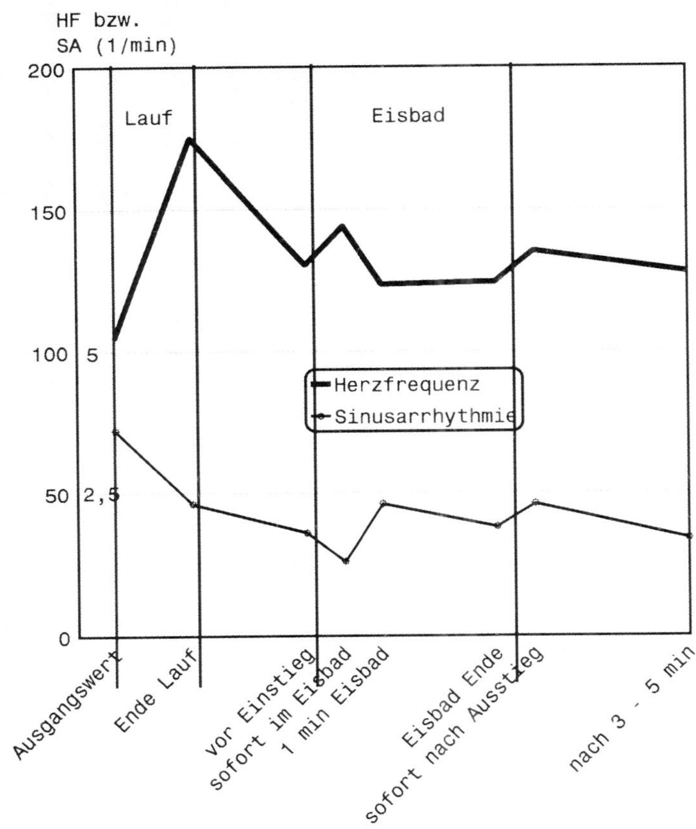

Abb.12: Reaktionen von Herzfrequenz und Sinusarrhytmie auf ein Eisbad.

Man erkennt an den Mittelwerten von 9 untersuchten Probanden, daß die Herzfrequenz bereits vor dem Einstieg in das Eiswasser signifikant erhöht ist. Dies liegt an dem vorangegangenen Lauf, bei dem Durchschnittswerte von 175 /min erreicht werden. Unmittelbar vor dem Einstieg in das Eiswasser beträgt die Herzfrequenz durchschnittlich 131/min und steigt unmittelbar nach dem Einstieg in das

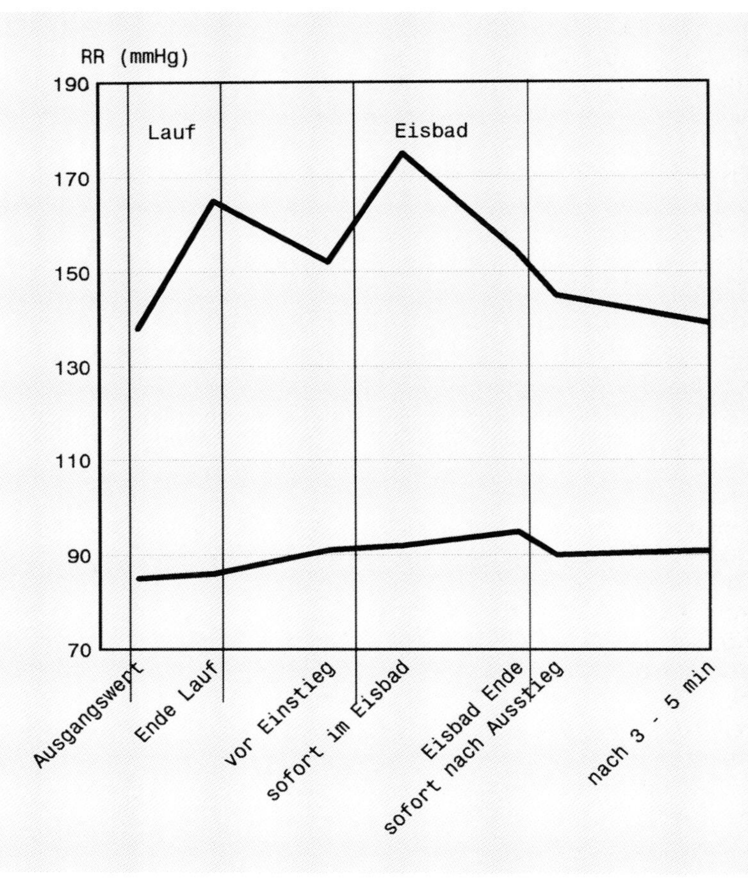

Abb.13: Reaktionen des Blutdruckes auf ein Eisbad.

Wasser auf 148 /min an. Noch innerhalb der ersten Minute bildet sich dieser Anstieg jedoch zurück.

Während des weiteren Verlaufs bleibt die Herzfrequenz im Eiswasser konstant und zeigt nur während des Ausstiegs noch mal einen leichten, aber signifikanten Anstieg.

Ausgeprägte Veränderungen zeigt auch der Blutdruck beim Eisbaden (Abb. 13). Der Erwärmungslauf führt zu einem signifikanten Anstieg des systolischen Blutdrucks um 30 Torr, der diastolische Blutdruck bleibt konstant. Vor dem Einstieg bildet sich der Anstieg zurück, ohne daß die Ausgangswerte erreicht werden, der diastolische Blutdruck erhöht sich nochmals signifikant um 10 Torr. Im Eisbad selbst steigt nun wieder der systolische Blutdruck signifikant an (Maximalwert 205 / 125 Torr), wobei sich dieser Anstieg noch im Eiswasser zurückbildet. Nach dem Eisbad sinkt der systolische Blutdruck weiter ab.

Der initiale Blutdruckanstieg im Eiswasser ist sicher auf die plötzliche Temperaturänderung und nicht auf die Kälte an sich zurückzuführen. So beobachtete Jungmann (1964) bei absteigenden Bädern keine Blutdruckveränderungen, Tennstedt (1970) konnte dagegen bei kalten Seebädern (Wassertemperatur 15–23° C) analog zu den Untersuchungen beim Eisbaden in der ersten Minute des Bades einen deutlichen Blutdruckanstieg registrieren.

Das beschriebene Kreislaufverhalten – insbesondere der Anstieg der Herzfrequenz im Eiswasser – ist jedoch für Kaltreize allgemein nicht ganz typisch. Die physiologische Herz-Kreislauf-Reaktion auf einen Kaltreiz läuft nach einer Übersicht von Tiedt (1987) folgendermaßen ab: Einer initialen Vasokonstriktion der Hautgefäße, die sowohl reflektorisch als auch durch lokale Mechanismen zustande kommt, folgt eine Verlagerung von Blut aus der Körperschale in den Körperkern, so daß der Blutdruck ansteigt. Auch eine Engstellung der Venen ist zu beobachten. Folgen des Blutdruckanstiegs sind eine Reizung der arteriellen Pressorezeptoren und oftmals auch eine reflektorische Senkung der Herzfrequenz. Das Herz-Schlag-Volumen steigt an.

Bekannt ist die Bradykardie (verlangsamte Herzschlagfolge) infolge vagaler Reflexe, z. B. beim Eintauchen des Gesichtes in kaltes Wasser. Glasgow und Kenney (1975) konnten zeigen, daß ein Teil dieser Bradykardie durch das Atemanhalten (Apnoe) bedingt ist. Im Gegensatz zu den vorgenannten Untersuchungen kann beim Eisbaden kein bradykardisierender Effekt des Kältereizes festgestellt werden – im Gegenteil: Die Herzfrequenz steigt initial sogar signifikant an. Dem entsprechen auch die Ergebnisse von Bomski und Mitarbeitern (1986). Sie beobachteten sowohl nach dem Wassertreten von 3 min Dauer bei 13–16° C als auch bei einem Ganzkörperseebad bei gleichen Temperaturen neben einem Anstieg des Blutdrucks auch einen deutlichen Anstieg der Herzfrequenz. Somit ist die Herzfrequenz unter Kälteeinfluß ein ziemlich ungeeignetes Maß zur Abschätzung der körperlichen Belastung, woraus sich herleitet, daß die daraus abgeleiteten, später angegebenen Wattzahlen, die zur Ab-

Zeitpunkt	EKG - Veränderungen
Ruhe	
Lauf Ende	Signifikante PQ- sowie QT-Verkürzung. In je einem Fall vereinzelte supraventrikuläre Extrasystolen bzw. geringer elektrischer Alternans.
vor Einstieg in das Eiswasser	sign. P-Erhöhung und Verbreiterung. PQ- und QT-Zeiten wie vor dem Lauf. Einmal AV-Überleitungsstörung I. Grades
sofort im Eiswasser (10 s)	P-Überhöhung zurückgebildet. Signifikant geringere S-Tiefe. In einem Fall vereinzelte supraventrikuläre Extrasystolen.
Ende Eisbad	
Ausstieg (10 s)	S wieder zunehmend
nach 3 bis 5 Minuten	

Tab. 2: EKG-Veränderungen während eines Eisbades. Dargestellt sind die Ergebnisse einer kontinuierlichen telemetrischen EKG-Übertragung von 9 eisbadegewohnten Probanden.

schätzung der Belastung dienen sollen, durch zusätzliche Untersuchungen verifiziert werden müssen.

Insgesamt sind also beim Winterschwimmen doch erhebliche Kreislaufbelastungen ableitbar. Zu den größten Herzfrequenzanstiegen kommt es jedoch während des Erwärmungslaufes vor dem Eisbad, das Eisbad selbst führt insbesondere zu einer Druckbelastung des Kreislaufes. Interessant erscheint auch die Tatsache, daß insbesondere das Einsteigen in das Eiswasser mit einem initialen Herzfrequenz- und Blutdruckanstieg verbunden ist, der jedoch rasch wieder abklingt. Gerade der Anstieg des systolischen Blutdrucks unmittelbar im Eiswasser läßt eine potentielle Gefährdung, zumindest für Patienten mit Bluthochdruck, nicht sicher ausschließen. Patienten mit einem schweren Bluthochdruck sollten daher das Eisbaden meiden.

Die Tabelle 2 zeigt die Ergebnisse einer überschlägigen formanalytischen EKG-Auswertung sowie hinsichtlich des Auftretens von Rhythmusstörungen. Man muß dabei beachten, daß es sich um die Auswertung nur einer Ableitung handelt (modifizierte Nehb A-Ableitung), so daß insbesondere die Aussagen zur Formanalytik relativiert werden.

In der Tabelle erkennt man, daß es beim Erwärmungslauf zu einer signifikanten Verkürzung der PQ-Zeit und der QT-Zeit beim Gleichbleiben der relativen QT-Zeit kommt. Vor dem Einstieg in das Eiswasser ist eine signifikante Verbreiterung und überhöhung des P erkennbar. Diese Veränderung bildet sich nach dem Einstieg in das

Eiswasser wieder zurück. Im Eisbad selbst ist lediglich eine signifikante Reduktion der S-Zacken-Tiefe erkennbar.

Pathologische bzw. fraglich pathologische EKG-Veränderungen sind beim Eisbaden insgesamt selten und treten vorwiegend nach dem Erwärmungslauf und unmittelbar vor dem Einstieg in das Eisbad auf (insgesamt bei 3 Probanden). Unmittelbar nach dem Einstieg in das Eiswasser ließen sich bei einer Probandin auffällige EKG-Veränderungen registrieren (supraventrikuläre Extrasystolen mit kompensatorischer Pause).

Die EKG-Veränderungen im Zusammenhang mit dem Eisbaden sind insgesamt geringfügig, dürften vegetative Umstellungen widerspiegeln und nicht Ausdruck einer Gefährdung sein. Auch Jungmann (1978) fand selbst bei Infarkt- Rehabilitanden weder beim Gehen an kalter Winterluft, noch beim Wassertreten in Wasser von 3°C EKG-Veränderungen.

Da angenommen werden konnte, daß auch die Durchblutung der Extremitäten durch die thermoregulatorischen Umstellungen deutlich beeinflußt wird, wurde an 5 männlichen Berliner Eisbadern im Alter von 19 bis 40 Jahren eine Durchblutungsmessung an den Beinen vorgenommen. Methodisch kam dabei die Venenverschlußplethysmographie zum Einsatz. Die Messungen wurden an beiden Beinen durchgeführt, um statistisch verwertbare Aussagen zu erhalten. Für die Meßzwecke stand ein Raum zur Verfügung, der auf 16° C temperiert werden konnte. Die ersten Messungen erfolgten nach einer 5minütigen Ruheperiode. Weitere Messungen wurden nach dem in üblicher Weise durchgeführten Bad (Erwärmungslauf von 3 bis 5 Minuten sowie 3–5minütiges Bad bei einer Wassertemperatur von 2° C – Lufttemperatur 4° C) sowie abschließend nach einer Ruheperiode von 20 bis 30 Minuten (sitzend bzw. stehend in bekleidetem Zustand bei kalter Umgebungstemperatur) durchgeführt. Die Abbildung 14 zeigt die hierbei gewonnenen Ergebnisse. Es hat zunächst den Anschein, daß das Eisbad zu einem – wenn auch geringen – Anstieg der Extremitätendurchblutung führt. Methodisch ist jedoch problematisch, daß die Probanden vor dem Eisbad einen Erwärmungslauf absolviert hatten, der sicherlich zu einem erheblichen Durchblutungsanstieg geführt hat und die Ergebnisse nach dem Eisbad überlagert. Außerdem war zu erwarten, daß nach dem Lauf allein schon der Aufenthalt an kalter Winterluft auch ohne Eisbad zu einer schnellen Senkung der durch den Lauf gesteigerten Durchblutung führt. Es wurde versucht, diese Einflüsse durch zusätzliche 6 Messungen an 3 Probanden vor und nach dem Lauf so-

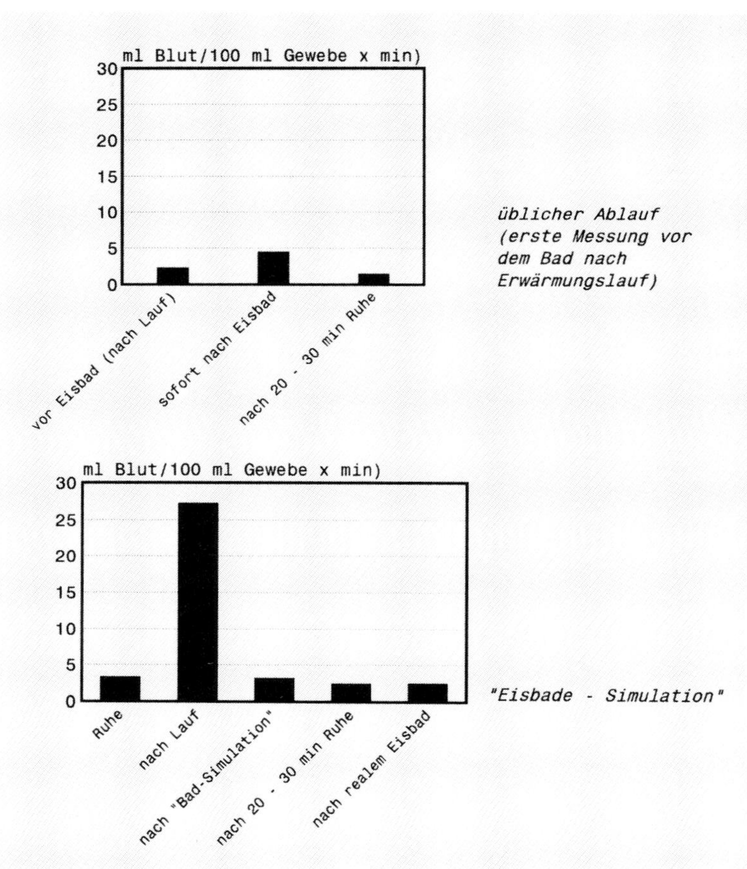

Abb.14: Beeinflussung der Extremitätendurchblutung (Wade) durch ein Eisbad.

wie nach einem simulierten „Bad“ (3 – 5 Minuten Stehen in Badebekleidung an kalter Luft) zu erfassen. Weitere Messungen erfolgten nach einer Ruheperiode von 20 – 30 Minuten in bekleidetem Zustand (Sitzen oder Stehen bei einer Lufttemperatur von 4° C) sowie nach einem abschließend durchgeführten realen Eisbad. Man erkennt, daß der Lauf zu einem ausgeprägten Durchblutungsanstieg führt. Allein ein Stehen von wenigen Minuten an kalter Luft in Badebekleidung reicht aus, um die Durchblutung wieder auf die Ausgangswerte abfallen zu lassen. Die anschließende Ruheperiode führt zu einem weiteren Abfall, der durch das dann real durchgeführte Eisbad nicht weiter beeinflußt wird.

Vergleicht man diese Ergebnisse und die vorstehend beschriebenen, so muß man berücksichtigen, daß bei den Messungen nach dem Lauf einige Minuten vergangen sind, die zu einem Abfall der Durchblutung beigetragen haben können. Der Anstieg der Durchblutung beim ersten Versuch nach Lauf und Eisbad kann daher auf den Zeitfaktor zurückgeführt werden und dürfte seine Ursache vor allem in dem vorangegangenen Lauf haben. Demzufolge kann man ableiten, daß das Eisbaden an sich nur einen geringen Einfluß auf die Gesamtdurchblutung der Extremitäten hat. Bei dem üblichen Vorgehen (Eisbaden nach Erwärmungslauf) liegt die Durchblutung nach dem Bad sogar höher als unter relativen Ruhebedingungen vor dem Bad.

Zur Relativierung der Herz-Kreislaufbelastung wurden nochmals vergleichende Untersuchungen, die neben dem eigentlichen Eisbad auch einen Erwärmungslauf an kalter Luft in leichter Sportbeklei-

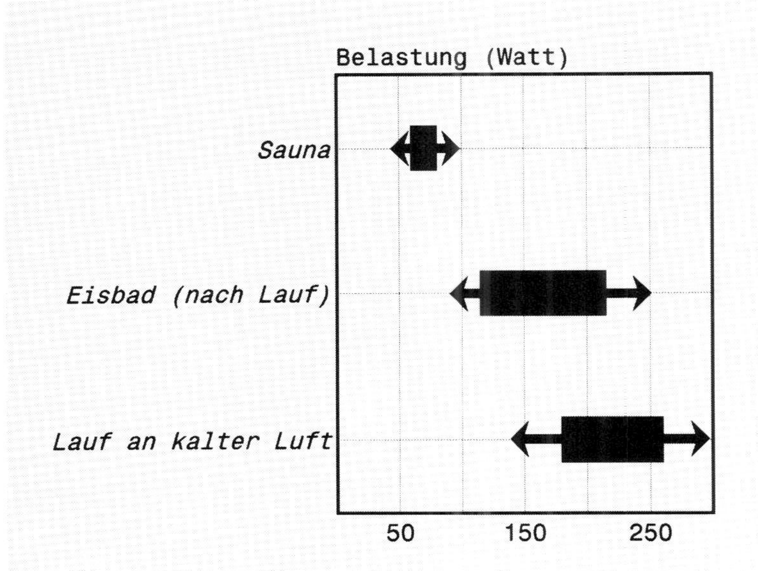

Abb.15: Geschätzte Herz-Kreislauf-Belastung bei verschiedenen Formen der Abhärtung.

dung und zum Vergleich auch die Sauna beinhalteten, durchgeführt. Die Herz-Kreislaufbelastung wurde dabei am Verhalten der Herzfrequenz und an einem Vergleich mit einer Ergometerbelastung geschätzt. Unberücksichtigt blieben dabei unter anderem das Blutdruckverhalten als auch mögliche im Blut auftretende Veränderungen, die Ausdruck einer stärkeren metabolischen Belastung sein könnten. Gerade der Blutdruck steigt aber im Eiswasser und müßte bei einer Abschätzung der Belastung mit berücksichtigt werden. In Abbildung 15 sind anhand der Balken die Streuung, als auch anhand der zusätzlichen Markierungen die Spannbreiten dargestellt. Man erkennt, daß man von einer durchschnittlichen Kreislaufbelastung in der Sauna von ca. 75 Watt ausgehen kann. Die Belastung beim Eisbaden selber liegt durchschnittlich bei ca. 165 Watt, zeigt jedoch eine große Spannbreite. Überraschend ist das Ergebnis des Laufes an kalter Luft. Hier zeigt sich die deutlich höchste Kreislaufbelastung, die schon in den Durchschnittswerten über 200 Watt liegt. Auch unter Berücksichtigung der Druckbelastung im Eiswasser selbst relativiert dieses überraschende Ergebnis jedoch die Belastung durch das Eisbaden deutlich. Man kann auch hieraus ableiten, daß es bei einem sonst gesunden Probanden zu keiner gefährdenden Belastung des Kreislaufsystemes durch das Eisbaden kommt.

3.1.3 **Langfristige Anpassungserscheinungen**

Die bisher vorliegenden Erkenntnisse hinsichtlich langfristiger Anpassungen des Herz-Kreislaufsystems bei regelmäßigem Winterbaden sind spärlich. Nach subjektiven Angaben von Winterbadern reagiert das Kreislaufsystem insgesamt stabiler – so soll es zu einer Normalisierung von Blutdruckwerten kommen. Möglicherweise können sowohl Patienten mit einem labilen essentiellen Hypertonus als auch Patienten mit einem Hypotonus vom Winterbaden profitieren, wenn speziell der Bluthochdruck nicht zu ausgeprägt ist. Unter experimentellen Bedingungen konnten wir an 5 Probanden nachweisen, daß die unmittelbare Reaktion von Herzfrequenz und Sinusarrhythmie auf ein Kaltwasserbad unter Laborbedingungen bei normaler Zimmertemperatur bei mehrwöchiger Anwendung abnimmt (Abb. 16). Speziell die Herzfrequenz steigt insgesamt nur auf geringere Werte an. Die Sinusarrhythmie fällt unmittelbar mit dem Einstieg in das Eiswasser ab. Während sie in der ersten Woche auf niedrigen Werten verharrt, zeigt sie nach 5 Wochen bereits nach

10 Sekunden im Eiswasser eine deutliche Rückbildungstendenz. Die Herzfrequenz zeigt eine weniger schnelle Reaktion. Dies bestätigt eine bekannte Tatsache, daß über den Vagus vermittelte Prozesse und Anpassungen (Sinusarrhythmie) schneller ablaufen als über den Sympathikus vermittelte.

Man kann diese Ergebnisse als Ausdruck einer unspezifischen Anpassung werten, bei der das Herz-Kreislaufsystem ökonomischer und mit einem geringeren Aufwand reagiert. Inwieweit diese Ergebnisse unter Laborbedingungen auf das reale Winterschwimmen zu übertragen sind, müßte noch geklärt werden.

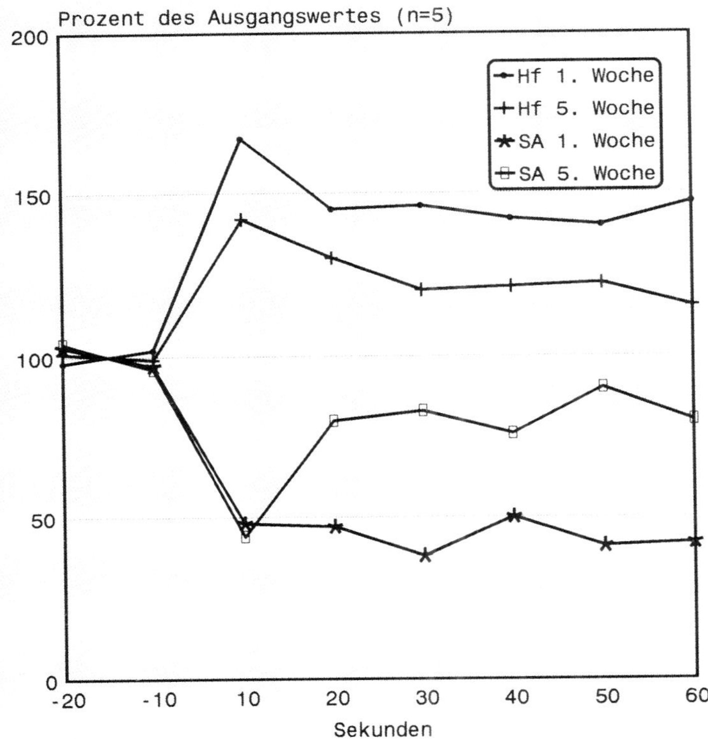

Abb. 16: Reaktionen von Herzfrequenz und Sinusarrhythmie auf eine experimentelle Serie von Kaltwasserbädern.

3.3 Beeinflussung der Mikrozirkulation

3.3.1 Unmittelbare Effekte

Die Kenntnisse über Akutwirkungen des Winterschwimmens im speziellen und von intensiven Kaltreizen im allgemeinen auf die Mikrozirkulation sind nur gering ausgeprägt. Dies hängt in erster Linie mit methodischen Gründen zusammen, da nur indirekt Hinweise auf die Mikrozirkulation aus dem Verhalten der Temperatur gezogen werden können. Wie schon an anderer Stelle berichtet, kommt es akut durch das Winterschwimmen besonders an den Akren zu einem drastischen Temperaturabfall. Man kann davon ausgehen, daß dies zumindest beim ungewohnten Probanden mit einer langfristigen Einschränkung der Durchblutung verbunden ist. Das dürfte sowohl die Kapillaren als auch speziell die thermoregulatorisch relevanten Gefäße (z. B. arteriovenöse Kurzschlußverbindungen) betreffen. Für die thermische Wirkung auf die Gefäße spielen direkte Temperaturwirkungen, vasoaktive Stoffe, nervale Reaktionen, Reflexmechanismen sowie die Bluttemperatur eine Rolle (Übersicht bei Aschoff 1971). Hinzu kommt unter Kälteeinfluß die Lewis'sche Kältedilatation durch H-Stoffe, die periodisch von einer Vasokonstriktion unterbrochen wird.

Neuere Ergebnisse zu diesem Thema stammen von Erdl und Schnizer (1986). Bei Untersuchungen mit Hilfe der Laser-Doppler-Flowmetrie konnten sie zunächst demonstrieren, welche Bedeutung die von den kleinen Verzweigungsstellen der Arteriolen ausgehende Vasomotion für das intakte Funktionieren der Gefäße hat. Mit dieser Methode konnten die Autoren auch zeigen, daß es sich bei der periodischen Durchblutungsänderung der Haut bei der Lewis-Reaktion nicht um eine echte Hyperämie handelt, denn die Ausgangswerte vor der Kühlung werden auch in den Phasen der Vasodilatation bei weiter bestehendem Kälteeinfluß erreicht. Unter einer Lewis-Reaktion versteht man eine lokale Vasodilatation trotz anhaltender Kälte. Sie soll den Sinn eines Schutzes vor Erfrierungen haben. Bereits unmittelbar im Eiswasserbad kann bei den von uns untersuchten Probanden regelmäßig eine intensive Hautrötung gesehen werden, die am ehesten durch eine frühzeitige Venendilatation bzw. bei länger dauernder Kälteanwendung durch die beschriebene Lewis-Reaktion erklärbar ist und sich dem Wesen nach deutlich von einer „reaktiven Hyperämie" unterscheidet.

Kaltreize beeinflussen jedoch nicht nur die Haut-, sondern auch die Muskeldurchblutung. Wiederholt wurde ein Antagonismus zwischen Haut- und Muskeldurchblutung beschrieben, der sich jedoch in erster Linie auf Kreislauf- oder thermoregulatorische Umstellungsphasen erstreckt (Übersicht bei Cordes 1972).

Trnavsky (1986) fand unter Kryotherapie sogar einen Anstieg der Muskeldurchblutung.

Es ist anzunehmen, daß die Akutreaktionen beim angepaßten Winterschwimmer deutlich anders ausfallen als beim unangepaßten.

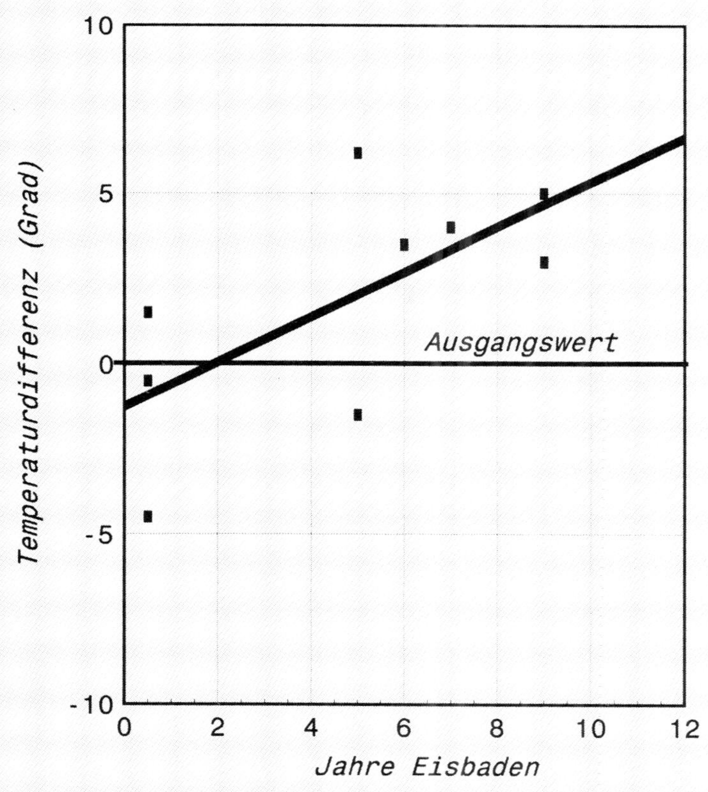

Abb. 17: Einfluß des Gewöhnungsgrades auf die akrale Wiedererwärumgsreaktion von Eisbadern im Winter.

3.3.2 Langfristige Umstellungen

Um erste Aussagen über langfristige Umstellungen der thermoregulatorisch relevanten akralen Durchblutungsregulation zu gewinnen, wurde zunächst die akrale Hauttemperatur (Fingerspitzen) vor und 30 Minuten nach einem Eisbad bei 9 Probanden untersucht. In diesem Falle erfolgten die Untersuchungen jeweils nach mehrminütiger Akklimatisationszeit bei Zimmertemperatur. Abbildung 17 zeigt die gewonnenen Resultate. Man erkennt, daß nur beim unangepaßten Winterschwimmer die Temperatur 30 Minuten nach dem Eisbad noch deutlich gesenkt ist. Wird das Eisbaden dagegen über mehrere Jahre betrieben, so findet sich 30 Minuten nach dem Eisbad sogar eine höhere Fingertemperatur als vor dem Eisbad. Es ist also von einer überschießenden Durchblutungssteigerung auszugehen. Dieser Zusammenhang läßt sich statistisch sichern. Die von Jungmann (1985) beschriebene stärkere Vasokonstriktionsneigung nach einem Kaltreiz bei Kälte-Gewohnten kann somit für das Winterschwimmen nicht bestätigt werden, was mit der größeren Reizintensität zusammenhängen dürfte. Es fiel dagegen sogar auf, daß langjährige Winterschwimmer nach einem Eisbad eher länger froren. Dies könnte auf einen höheren Wärmeverlust hindeuten, der aber mit Messungen der Sublingualtemperatur nicht verifiziert werden konnte.

Um diesem Phänomen näher nachzugehen, wurde bei Eisbadern und Vergleichspersonen der sogenannte Test der akralen Wiedererwärmung unabhängig von einem Eisbad durchgeführt. Bei diesem Test mißt man zunächst wiederum die Ausgangstemperatur der Haut an einem Finger (Zeigefinger) und führt anschließend eine standardisierte Abkühlung durch Rühren mit dem Finger in Eisschmelzwasser von 0° C durch. Sofort danach wird der Finger kurz abgetupft und das Verhalten der Temperatur durch regelmäßige Messungen in 15sekündigem Abstand bestimmt. Zunächst führten wir diese Untersuchung unter kalten Umgebungstemperaturen im Winter (– 12° C) durch. Die Abbildung 18 zeigt beispielhaft das Verhalten der akralen Wiedererwärmungsreaktion bei einem Eisbader sowie einer Vergleichsperson. Nur bei dem Eisbader kommt es trotz der kalten Umgebung zu einer Wiedererwärmung des Fingers. Der Ausgangswert liegt bei dem Eisbader gering über dem der Vergleichsperson. Die nicht angepaßte Vergleichsperson zeigt hingegen über den gesamten Versuchsablauf ein kontinuierliches Absinken der Fingertemperatur, bis der Versuch wegen subjektiver Unverträglichkeit abgebrochen werden mußte.

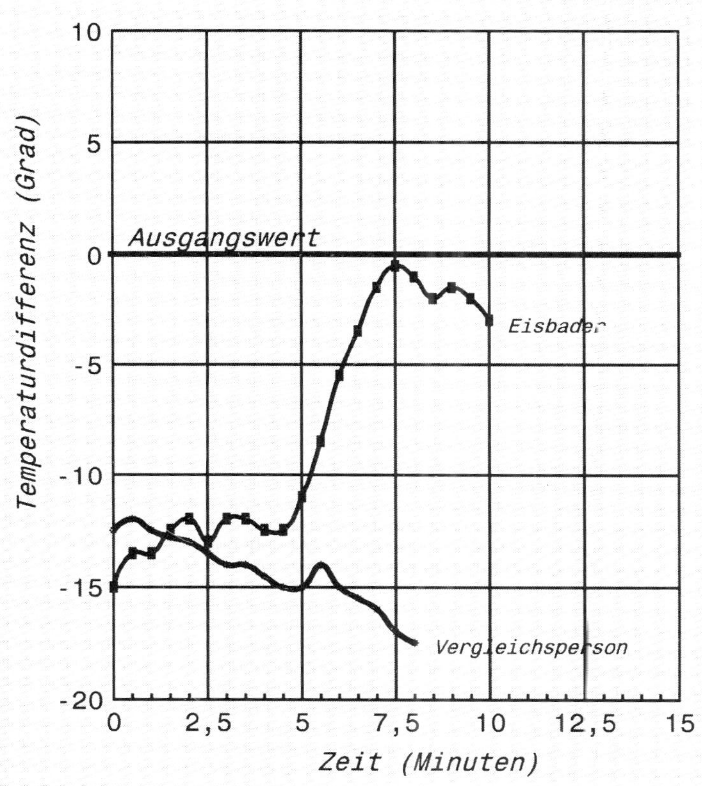

Abb. 18: Akrale Wiedererwärumungsreaktion bei einem Eisbader im Winter.

Regelmäßiges Winterbaden führt demnach zu einer deutlich verbesserten akralen Wiedererwärmung nach einem Kaltreiz, zumindest unter kalten Umgebungstemperaturen und im Winter. Um zu überprüfen, ob sich diese Anpassung auf die kalte Jahreszeit und die kalte Umgebungstemperatur beschränkt, wurde der gleiche Versuch im Frühjahr bei einer aktuellen Umgebungstemperatur von 19° C durchgeführt. Der Ausgangswert der akralen Hauttemperatur des Eisbaders liegt mehrere Grad über dem der Vergleichsperson (nicht dargestellt). Die Abbildung 19 zeigt wiederum beispielhaft das Verhalten bei ei-

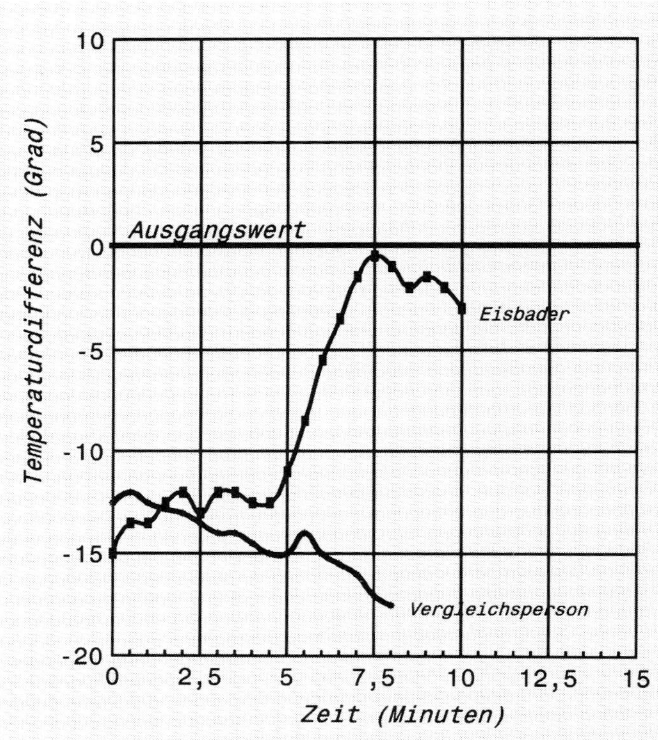

Abb. 19: Akrale Wiedererwärumungsreaktion bei einem Eisbader im Frühjahr

nem Eisbader sowie einer Vergleichsperson. Hier erfolgt die Wiedererwärmung beim Eisbader gegenüber der Vergleichsperson verzögert. Man kann also davon ausgehen, daß es sich hierbei um den Ausdruck einer spezifischen Kälteanpassung handelt. Ähnliche Beobachtungen wurden – wie schon erwähnt – auch bei Fischern gemacht, deren Hände auch in der kalten Jahreszeit ständig dem kalten Wasser ausgesetzt sind. Dies gewährleistet einen Erhalt der Arbeitsfähigkeit der Hände auch unter kalten Bedingungen, wenngleich durch diesen Mechanismus dem Gesamtorganismus mehr Wärme verlorengeht. Ob dies z. B. durch eine gesenkte Kerntemperatur oder durch eine erhöhte Wärmeproduktion kompensiert wird, kann nur vermutet werden und müßte durch weitere Untersuchungen belegt werden.

3.3.3 Hinweise für morphologische Anpassungen

Die ausgeprägten Veränderungen der akralen Wiedererwärmungsreaktion bei Winterschwimmern legten die Vermutung nahe, daß es als Folge der wiederholten, kurzen, aber intensiven thermischen Belastung durch das Winterschwimmen nicht nur zu regulatorischen Anpassungen, sondern möglicherweise auch zu morphologischen Veränderungen an den Blutgefäßen der Akren kommen könnte. Erste Hinweise darauf wurden von der kapillarmikroskopischen Untersuchung von 11 Winterschwimmern sowie 15 Vergleichspersonen erwartet. Die Untersuchungen erfolgten am Nagelfalz des 4. Fingers der linken Hand. Zum Einsatz gelangte ein übliches Kapillar-Auflichtmikroskop. Die Vorbereitung zur Untersuchung erfolgte jeweils durch das Aufbringen von Immersionsöl bzw. Vaseline. Ein temperierter Raum (22° C) sowie eine ausreichende Akklimatisation der Probanden von 30 Minuten waren Voraussetzung für die Untersuchung. Bei der visuellen Auswertung des kapillarmikroskopischen Bildes wurde auf folgende Veränderungen geachtet: Verminderte Dichte der Kapillaren, elongierter bzw. verdickter Schleifenpol, Nachweis von Mikroaneurysmen oder Knäuelbildung.

Tabelle 3 zeigt die Ergebnisse. Die Winterbader (9 Männer, 2 Frauen, Durchschnittsalter 30,8 ± 15,2 Jahre, Winterbaden seit durchschnittlich 5,7 Jahren, Häufigkeit des Winterbadens jeden 2. Tag) unterscheiden sich deutlich von den Vergleichspersonen (10 Männer, 5 Frauen, Durchschnittsalter 47,8 ± 17,3 Jahre). Die Unterschiede sind signifikant (Kriterium: wenigstens 1 kapillarmikroskopische Auffälligkeit). Besonders fällt bei den Winterschwimmern ein oftmals elongierter oder verdickter Schleifenpol auf. Geringe kapillarmikroskopische Veränderungen durch das Winterschwimmen sind somit wahrscheinlich. Man kann daher davon ausgehen, daß das regelmäßige Winterbaden nicht nur zu funktionellen Anpassungen, sondern sogar zu morphologischen Veränderungen führt. Besonders zum Tragen kommen diese Anpassungen im Winter bei kalten Umgebungstemperaturen.

Wie sind die bisher beschriebenen Veränderungen in das Konzept der physiologischen Kälteanpassung einzuordnen?

Wiederholte künstliche Kälteakklimatisation mit mehrstündigen Kälteexpositionen führt zu einer Verschiebung der Körperkerntemperatur zu tieferen Werten („hypotherme Adaptation" oder „Toleranzadaptation"). Hier ist keine Steigerung des Stoffwechsels in Ruhe zu finden, wohl aber ist das Einsetzen einer Stoffwechselsteige-

Kapillarmikroskopische Auffälligkeit	Eisbader (n=11)	Vergleichspersonen (n=15)
verminderte Dichte der Kapillaren	3	2
elongierter oder verdickter Schleifenpol	5	2
Mikroaneurysmen oder Kapillarknäuel	2	2
Zahl der Probanden mit		
0 Auffälligkeiten	2	10
1 Auffälligkeit	7	4
2 Auffälligkeiten	2	1
3 Auffälligkeiten	0	0

Tab. 3: Kapillarmikroskopische Befunde bei Eisbadern. Die Winterschwimmer weisen signifikant häufiger Auffälligkeiten im kapillarmikroskopischen Bild auf als Vergleichspersonen. Dies spricht dafür, daß es neben funktionellen Anpassungen auch zu morphologischen Veränderungen durch den wiederholten intensiven Kaltreiz kommt.

rung sowie das Zittern zu niedrigeren Temperaturen hin verschoben (Brück et al. 1976).

Lange andauernder Aufenthalt in kalter Umgebung (z. B. Eskimos, südamerikanische Feuerlandbewohner) soll dagegen auch mit einer erhöhten Wärmebildung bereits in der thermischen Neutralzone einhergehen können („metabolische Adaptation"). Die Veränderungen beim Eisbaden lassen sich nicht eindeutig einer der beiden Anpassungsarten zuordnen. Das länger anhaltende Kältezittern beim Eisbade-Gewohnten spricht zumindest gegen eine Toleranzadaptation. Vergleichbare Befunde stammen von Gärtner aus den Jahren 1968–1970. Er konnte u. a. feststellen, daß nach künstlicher Kälteadaptation beim Menschen der Wärmeverlust in kalter Umgebung über dem nicht adaptierter Probanden liegt. Auch hier scheint es maßgeblich auf die konkreten Untersuchungsbedingungen anzukommen.

Die Hauttemperatur ist einer der wesentlichsten Faktoren, die die Kältetoleranz determinieren. Bei Kaltluftliegekuren (Lufttemperatur 15–16° C) fanden Turowski und Töpfer (1987), daß längere Liegezeiten und damit eine bessere Kältetoleranz stets bei höheren Hauttemperaturen zu verzeichnen waren, was ohne Verschieben des Sollwertes der Körperkerntemperatur als Ausdruck einer „hypothermen Adaptation" nicht erklärlich ist. Andererseits konnten Fanger und Mitarbeiter (1977) im Klimakammerversuch, bei dem die Probanden die Temperatur nach subjektiver Behaglichkeit einregulierten, zeigen, daß weder tägliches Winterschwimmen noch die Arbeit als Packer in einer Fleischerei für täglich 8 Stunden bei 8° C dazu führt, daß andere Temperaturen bevorzugt werden als von Vergleichspersonen. Tägliche Kälteanwendung kann demnach den Menschen nicht veranlassen, eine niedrigere Raumtemperatur zu bevorzugen.

Die deutlichsten Akklimatisierungseffekte an Kälte lassen sich an der peripheren Zirkulation nachweisen. Allgemein wird über eine erhöhte periphere Zirkulation berichtet. Bei gleich tiefen Umgebungstemperaturen haben Kälteadaptierte (Eskimos) höhere Hauttemperaturen an den Händen und Fingern, was als Schutz vor lokalen Frostschäden angesehen werden kann (Übersicht bei Hardy 1982). Für den Gesamtorganismus geht das jedoch auf Kosten eines höheren Wärmeverlustes bei Kälteexposition.

Auch die sogenannte kälteinduzierte Vasodilatation (Lewis-Reaktion) soll nach Krog und Mitarbeiter (1960) beim Kälteklimatisierten früher und ausgeprägter einsetzen. Dies entspricht unserer Beobachtung, daß es beim Winterbader trotz kalter Umgebungsbedingungen zu einer Wiedererwärmung der Akren nach einem zusätzlichen Kaltreiz im akralen Wiedererwärmungsversuch kommt, was bei Vergleichspersonen nicht zu beobachten war. Je mehr Jahre das Winterbaden betrieben wird, um so rascher erwärmen sich die Akren nach einem Eisbad.

Der Nutzen einer besseren akralen Durchblutung bei Kälteadaptierten wird durch Untersuchungen von Bensel und Lockhart (1974) verdeutlicht, die zeigen konnten, daß Personen mit geringer Vasokonstriktionsneigung der Akren in Kälte eine größere manuelle Geschicklichkeit bei der Verrichtung bestimmter Tätigkeiten aufweisen.

Die zitierten Untersuchungen sowie die eigenen Ergebnisse lassen den Schluß zu, daß eine verbesserte akrale Durchblutungsregulation unter kalten Umgebungsbedingungen infolge ständiger oder wiederholter Kälteexposition einen biologisch sinnvollen Zustand darstellt. Noch deutlicher wird diese Aussage bei Berücksichtigung reflektorischer Zusammenhänge zwischen akraler Durchblutungsregulation und Nasen-Rachen-Raum bzw. der Infektneigung.

Bei der bisherigen Betrachtung thermoregulatorischer Anpassungen an wiederholte Kaltreize erfolgte in erster Linie eine Konzentration auf die Akren. Damit ist aber noch nicht ausgesagt, daß auch der Kältereiz an den Akren entscheidend für die Ausbildung der Adaptate ist. Während nämlich an den Akren kaum Kaltrezeptoren nachge-

Eisbaden in der Kieler Seebadeanstalt Düsternbrook.
Foto: Michael August

wiesen werden könnten, liegt deren Dichte in der Haut der übrigen Extremitäten pro Flächeneinheit nur halb so hoch wie in der Rumpfhaut (Aschoff 1971). Die größte Dichte erreichen die Kaltrezeptoren im Versorgungsgebiet des Trigeminus. Eine Folge dieser ungleichen Verteilung der Kaltrezeptoren ist die Tatsache, daß Kaltreize an Rumpf und Gesicht wesentlich wirksamer sein sollen als an den Extremitäten. Menger (1989) geht sogar so weit, daß er der Kälteeinwirkung an den Akren (speziell den Händen) keine Bedeutung für das Zustandekommen einer Abhärtung beimißt. Selbst wenn man diese Anschauung akzeptiert, so ist doch beim Winterschwimmen durch das Bad auch eine Reizung der Rezeptoren am Rumpf gewährleistet.

Ob nun also die thermoregulatorischen Anpassungen an den Akren bei Winterbadern Folge einer wiederholten lokalen Kälteeinwirkung sind, oder ob zusätzlich der Reiz auf den Rumpf eine Rolle spielt, scheint nicht von vorrangiger Bedeutung zu sein. Das Resultat – die bessere Durchblutungsregulation an den Akren in Kälte – ist auf jeden Fall ein wesentlicher Faktor, der zur Gesundheitsstabilität beitragen kann, auch wenn geringgradige morphologische Veränderungen an den Kapillaren bei langjährigen Eisbadern als wahrscheinlich erscheinen.

Das Eisbaden wird stets nur einen sehr begrenzten Personenkreis ansprechen und beim Kranken als Therapie nur im Ausnahmefall angewendet werden. Eine verbesserte akrale Durchblutungsregulation läßt sich jedoch auch durch die Sauna erreichen. Inwieweit sich das gleiche Ziel auch durch Maßnahmen der „kleinen Hydrotherapie" oder körperliches Training erreichen läßt, müssen künftige Untersuchungen zeigen.

3.4 Beeinflussung des Nervensystems

3.4.1 Unmittelbare Effekte auf das vegetative Nervensystem

Das vegetative Nervensystem, das unsere unbewußt ablaufenden Funktionen z. B. am Herz-Kreislaufsystem, aber auch am Magen-Darmtrakt reguliert, besteht aus wenigstens zwei Anteilen: dem Sympathikus, der eine aktivierende Funktion am Herz-Kreislaufsystem ausübt, und dem Parasympathikus (Vagus) der am Herz-Kreislaufsystem hemmend wirkt. Man kann jedoch nicht von einem Antagonismus, sondern eher von einem funktionellen Synergismus ausgehen. Relativ einfach läßt sich der vegetative Tonus am Herzen abschätzen, da die Herzfrequenz von Vagus und Sympthatikus beeinflußt wird, die Sinusarrhythmie – also die physiologische Unregelmäßigkeit des Herzschlags – dagegen nur vom Vagus. Zur Ermittlung des aktuellen vegetativen Herznerventonus wurden daher im telemetrisch übertragenen EKG 10 Sekunden-Intervalle gebildet (n = 9).

Die Abbildung 20 zeigt den vegetativen Herznerventonus im Zusammenhang mit einem Eisbad. Man erkennt, daß der Lauf zu einer Aktivierung des Sympathikus und zu einem Nachlassen des Vagotonus führt. Vor dem Einstieg hat sich der erhöhte Sympathikotonus wieder zurückgebildet. Der Einstieg in das Eiswasser ist mit erneuten sympathikotonen Reaktionen verbunden, wobei auch der Vagus in seinem Tonus wieder abnimmt. Diese Veränderungen bilden sich jedoch noch in der ersten Minute im Eiswasser zurück. Die Veränderungen bis zum Ende des Eisbades sowie beim Ausstieg sind von nur marginaler Bedeutung.

Bei der gesamten Prozedur des Eisbades mit dem begleitenden Lauf werden also sowohl Vagus als auch Sympathikus beeinflußt. Diese Veränderungen sowie die erhöhten Werte bereits in Ruhe deuten darauf hin, daß das Eisbaden einen erheblichen Stressor darstellt. Ferner konnte nachgewiesen werden, daß die Herzfrequenz nach dem Ausstieg aus dem Eisbad relativ rasch eine Normalisierungstendenz zeigt, die Sinusarrhythmie dagegen noch erniedrigt ist. Die unterschiedliche Reaktionskinetik von Vagus und Sympathikus wurde anhand des Wertepaares Herzfrequenz / Sinusarrhythmie bereits früher im Zusammenhang mit physischen Belastungen beschrieben (Eckoldt et al. 1983, Pfeifer et al. 1977, Wilke et al. 1977).

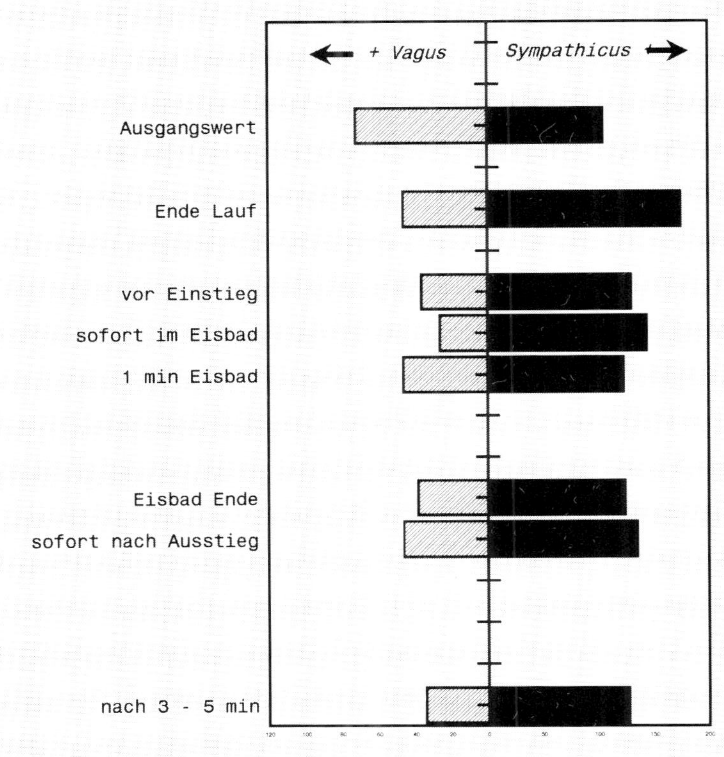

Abb. 20: Vegetativer Herznerventonus bei einem Eisbad.

Den vorliegenden Untersuchungen vergleichbare Studien zur Reaktion des vegetativen Nervensystems auf Kälte sind in der Literatur selten. Allenfalls lassen sich die Ergebnisse mit denen bei kalten Bädern vergleichen. Bühring (1976) berichtet bei kalten Wasserbädern von 10 min Dauer bei 10° C über einen sofortigen Anstieg der Noradrenalinkonzentration im Blutplasma bis zur 10. Bademinute, der Anstieg des Adrenalinspiegels folgt verzögert. Nach Schmidt-Kessen und Suong (1978) führt eine morgendliche Kaltanwendung zu einer deutlichen Verschiebung der circadianen Noradrenalinausscheidung.

Eine gute Vergleichsmöglichkeit bieten Untersuchungen zur Ganzkörperkältetherapie (–120° C Lufttemperatur für ½ bis 2 min). L. Fricke und Mitarbeiter (1988) berichten über einen signifikanten Anstieg der Noradrenalinkonzentration nach Kältekammerbehandlung, die Konzentration von Adrenalin blieb gleich. Zusätzlich beschreibt Yamauchi (1986) einen leichten ACTH-Anstieg nach Ganzkörper-Kältetherapie, was für eine „allgemeine Streß-Reaktion" spricht.

Alles in allem erkennt man, daß es sich bei der Prozedur des Eisbadens mit der vorangegangenen Erwärmungsmaßnahme in erster Linie um eine sympathikotone Reaktion mit gleichzeitigem Nachlassen des Vagotonus handelt. Diese Veränderungen sind zusammengefaßt noch mal in der Tabelle 4.

Um diese Beobachtungen zu erhärten, wurde noch zusätzlich die Substanz P im Blutplasma untersucht. Die Substanz P ist ein Neurotransmitter mit ubiquitärer Verbreitung im vegetativen Nervensystem und damit an einer Vielzahl von biologischen Prozessen beteiligt (siehe Oehme 1986). Sie beeinflußt z. B. den Blutfluß und Blutdruck, die Kapillarpermeabilität, wirkt auf die Schmerzschwelle, den Schlaf und die Thermoregulation. Außerdem hat sie Auswirkungen auf den Magen-Darmtrakt. Immer wieder wird ein normalisierender Effekt der Substanz P z. B. auf die Schmerzschwelle beschrieben. Bisher wurde die Substanz P in folgenden Strukturen nachgewiesen: im zentralen Nervensystem, im Auge, in den Geschmacksrezeptoren, im Gastrointestinaltrakt, in sympathischen Ganglien, in Speicheldrüsen und im Blut. Wahrscheinlich handelt es sich bei der

Zeitpunkt	**Sympathicotonus**	**Vagotonus**
Ruhe	aktiviert	aktiviert
Lauf Ende	weitere Aktivierung	gleichbleibend
vor Einstieg in das Eiswasser	sinkt wieder, ist aber höher als Ausgangswert	gegenüber Ausgangswerten gesenkt
sofort im Eiswasser	deutliche Zunahme	Abnahme
Ende 1.min im Wasser	wie vor dem Einstieg	wie vor dem Einstieg
Ende Eisbad	gleichbleibend	gleichbleibend
Ausstieg	kurzfristige Zunahme	gleichbleibend
nach 3 bis 5 Minuten	wie vor Einstieg	gleichbleibend

Tab. 4: Veränderungen des vegetativen Herznerventonus während eines Eisbades. Es sind die Ergebnisse zusammenfassend dargestellt, die sich aus einer Auswertung von Herzfrequenz und Sinusarrhythmie ergeben (n=9).

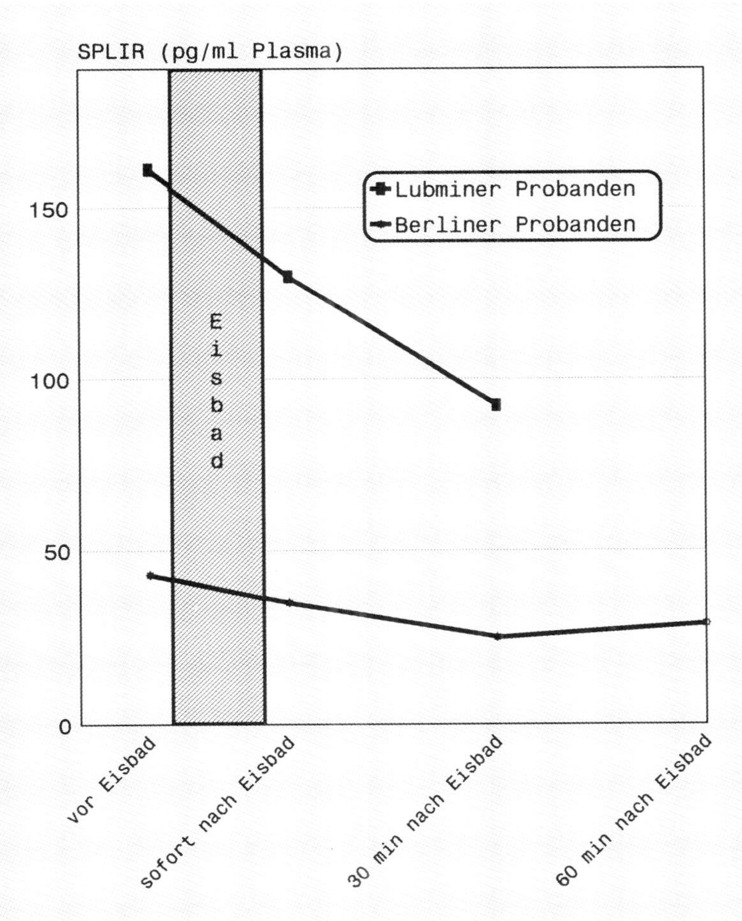

Abb. 21: Einfluß eines Eisbades auf die Substanz P im Blutplasma.

Substanz P im Blutplasma um die Folgen eines sogenannten „spill over-Effektes".

Besonders interessant erscheint die Wechselwirkung mit dem vegetativen Nervensystem. Es konnte gezeigt werden, daß ein streßinduzierter Anstieg von Adrenalin und Noradrenalin durch die Substanz P reduziert wird. Streßinduzierte zentrale und vegetative Störungen können daher normalisiert werden. Da davon ausgegangen werden kann, daß das Eisbaden einen erheblichen Stressor darstellt, war das Verhalten der Substanz P im Zusammenhang mit dem Winterbaden von großem Interesse. Zu diesem Zweck wurde die Substanz P in Form der sogenannten Substanz-P-ähnlichen Immunreaktivität im Blutplasma (SPLIR) im Zusammenhang mit einem Eisbad an 9 Lubminer und 9 Berliner Eisbadern untersucht. Die Lubminer Probanden (7 Männer, 2 Frauen) waren durchschnittlich 30,0 ± 16,8 Jahre alt, die Berliner Probanden 34,8 ± 8,8 Jahre. Während die Lubminer das Winterschwimmen seit einem Zeitraum von 1–9 Jahren jeden 2. Tag betrieben, badeten die Berliner Eisbader seit maximal 6 Jahren 1–2 mal in der Woche. Die Zeitpunkte der Blutentnahme lagen vor dem Eisbad, sofort danach, sowie nach 30 Minuten – in Berlin zusätzlich nach 60 Minuten. Abbildung 21 zeigt die Ergebnisse.

Es fällt auf, daß die Lubminer Eisbader deutlich höhere Ausgangswerte als die Berliner aufweisen. Dieser Unterschied ist statistisch signifikant. Der Einfluß des Eisbades zeigt sich in einem Abfall der Substanz P unmittelbar nach dem Eisbad, der jedoch nur bei den Lubminern statistisch signifikant war. Hier muß man natürlich die höheren Ausgangswerte berücksichtigen. Der prozentuale Abfall der Substanz P im Blutplasma stimmt jedoch bei den Lubminer und Berliner Probanden überein. In jedem Fall beträgt die Konzentration 30 Minuten nach dem Eisbad 57 % des Ausgangswertes.

Der Abfall der Substanz P scheint jedoch auch deutlich vom Gewöhnungsgrad abzuhängen. Unter den 9 Berliner Eisbadern befanden sich 4 Versuchspersonen, die erstmals in das Eiswasser stiegen. Es fiel auf, daß nur die Eisbadeneulinge einen Abfall zeigten, der auch nach 60 Minuten noch nicht ausgeglichen war (siehe Abb. 22). Es läßt sich somit festhalten, daß das Eisbaden akut zu einem signifikanten Abfallen der Substanz P im Blutplasma führt, das auch nach 30 und 60 Minuten noch nicht ausgeglichen ist. Für das Ausmaß des Abfalls ist neben der Höhe des Ausgangswertes (großer Abfall bei hohen Ausgangswerten) der Gewöhnungsgrad von Bedeutung.

Es soll noch erwähnt werden, daß es neben diesen Beeinflussungen des Vegetativums auch eindeutige Reaktionen am zentralen Nervensystem sowie am motorischen Nervensystem gibt. Besonders bei Neulingen fiel auf, daß neben dem Kältezittern eine anhaltende Beeinflussung der Feinmotorik zu beobachten war, die mitunter den ganzen Tag anhielt.

Psychonervale Faktoren können auch eine Erklärungsmöglichkeit

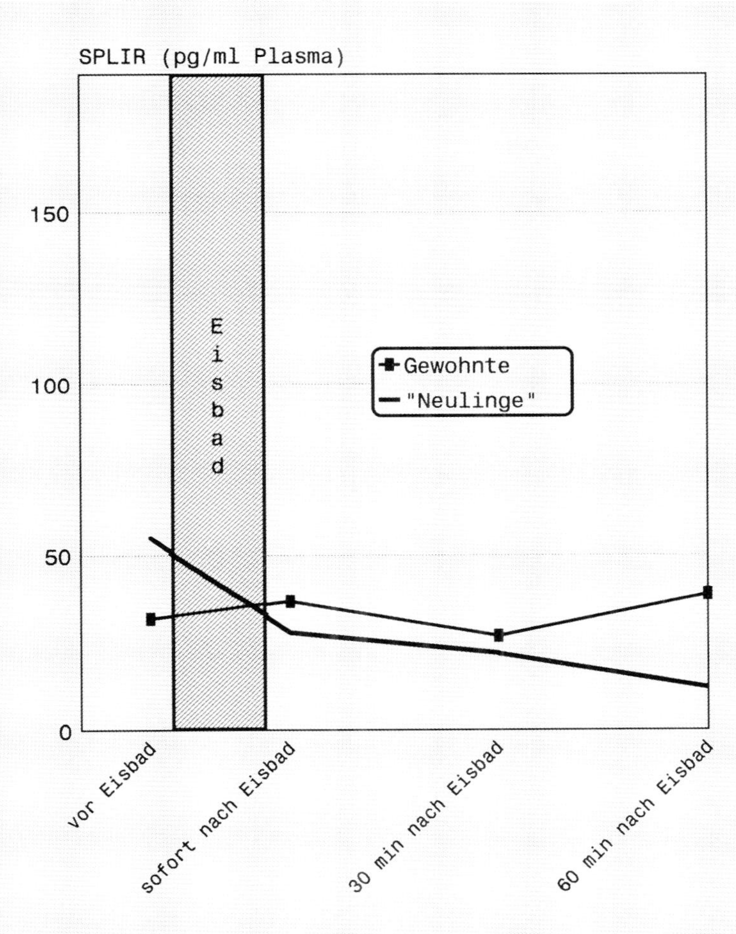

Abb. 22: Bedeutung des Gewöhnungsgrades für das Verhalten der Sustanz P im Blutplasma nach einem Eisbad.

für das Verhalten des vegetativen Herznerventonus liefern. Im Gegensatz zu physischer Belastung fanden E.-M. Hoffmann und Mitarbeiter (1983) bei psychonervaler Beanspruchung bei hohen Herzfrequenzen auch hohe Arrhythmiewerte. Psychischer Streß geht demnach mit einer Aktivierung von Symphathikus und Parasympathikus einher, was sich auch im EKG widerspiegeln kann. Möglicherweise ist eine Ursache für die signifikante P-Überhöhung und -Verbreiterung vor dem Einstieg in das Eisbad in der psychischen Beanspruchung zu suchen. Es wäre denkbar, daß der bevorstehende Kältereiz bereits vor Wirksamwerden zu Kreislaufumstellungen führt. Im Eisbad selbst überwiegen dagegen die thermischen Reize, was in einer Aktivierung des Sympathikotonus und einem Abfall des Parasympathikotonus deutlich wird.

Regelmäßig kann man nach einem kalten Seebad oder auch nach dem Winterschwimmen eine gehobene Stimmungslage bis hin zur Euphorie feststellen. Menger und Dölp (1968) konnten eine Beziehung zwischen dem Euphorisierungsgrad und der Zunahme der 17-Ketosteroid-Ausscheidung nach einem kalten Seebad herstellen, so daß sie die gehobene Stimmungslage auf endokrine Ursachen zurückführen. Eisbaden führt somit zu einer Aktivierung des Sympathikus und Abschwächung des Vagotonus, wobei die Euphorie durch Stimulierung des Hypophysenvorderlappen-Nebennierenrindensystems zustande zu kommen scheint.

Das Eisbaden stellt einen intensiven Streß für das Nervensystem dar, wobei insbesondere die Gegenregulation die medizinisch erwünschten Umstellungen bewirken.

3.4.2 **Langfristige Anpassungserscheinungen des vegetativen Nervensystems**

Langfristige Anpassungserscheinungen lassen sich in optimaler Weise durch Longitudinalstudien erfassen. Diese stehen jedoch bisher nicht zur Verfügung, so daß man sich auf die Vergleiche mit einer Normalpopulation bzw. auf Korrelationsrechnungen zur Dauer des Betreibens der Sportart beschränken muß. Betrachten wir zunächst den vegetativen Herznerventonus:

Die Tabelle 5 zeigt die Ausgangswerte von Herzfrequenz und Sinusarrhythmie bei Eisbadern und Vergleichspersonen: Die Unterschiede zu den Vergleichspersonen sind nicht sehr ausgeprägt. Es fällt jedoch ein niederes Niveau sowohl von seiten der Herzfrequenz als auch von seiten der Sinusarrhythmie auf.

Immer wieder findet man die These, daß auch mit Kaltreizen einhergehende serielle Anwendungen, z. B. während einer Kur, zu einer „Vagotonisierung“ führen. Bereits 1977 diskutierte jedoch Schmidt-Kessen die Möglichkeit, daß der allgemeine „Kureffekt“

Man sollte beim Winterschwimmen lieber nicht in das Wasser springen – der „Kälteschock“ könnte zu belastend sein.
Foto: Reuters

	Alter (Jahre)	Herzfrequenz (min^{-1})	Sinusarrhythmie (min^{-1})
Vergleichspersonen (n = 10)	39,0 ± 7,0	70,4 ± 10,6	2,36 ± 1,36
Eisbader (n = 5)	36,4 ± 4,6	62,2 ± 10,2	1,86 ± 1,15

Tab. 5: Vegetativer Herznerventonus (Herzfrequenz und Sinusarrhythmie) bei erwachsenen Eisbadern und einer altersmäßig vergleichbaren Kontrollgruppe.

eher auf einer geringeren Sympathikotonie als auf einer stärkeren Vagotonie beruht. Er fand nach einer heilklimatischen Kur eine Abnahme der Adrenalinausscheidung. Kaltluftliegekuren können dagegen nach Klinker (1987) zu deutlichen vegetativen Umstellungen im Sinne einer Vagotonisierung führen, die sich in einer Abnahme der Flimmerverschmelzungsfrequenz, der Pupillenweite sowie einem Absinken des Blutdruckes und Anstieg der Sinusarrhythmie zeigt. Bei serieller Anwendung von Kaltwasserbädern konnten wir ein Nachlassen sympathikotoner Begleitreaktionen finden (R. Brenke et al. 1982).

Im Gegensatz zu dem meist postulierten gesenkten Sympathikotonus bei wiederholter Kälteanwendung wurden vereinzelt aber auch gegenteilige Effekte gefunden.

So beschreibt Tiedt (1987) in einer Übersicht bei Kälteadaptatierten einen erhöhten Sympathikotonus, der in einer Zunahme von Adrenalin und cAMP zum Ausdruck kommt.

Dieses Ergebnis spricht wiederum für die Notwendigkeit, die konkreten Bedingungen zu beachten. Künstliche Kälteakklimatisation durch wiederholte kurzfristige Reize dürfte eher zu einer „Habituation“ führen (Brück et al. 1976, Glaser 1950, 1968), die in geringeren vegetativen und endokrinen Begleitreaktionen auf einen Kältestreß und einem gesenkten Sympathikotonus auch unter Ruhebedingungen zum Ausdruck kommt. Bei langfristiger Kälteanpassung, z. B. an ein kaltes Klima, laufen andersartige Prozesse ab, die sich u. a. in einem erhöhten Sympathikotonus zeigen können.

Neuere Untersuchungen wurden im Zusammenhang mit der

Ganzkörperkältetherapie durchgeführt. Yamauchi (1986) sieht im Gegensatz zu Tagharvinejad und Mitarbeiter (1986) einen Haupteffekt dieser Therapie in einer Stimulation endogener Glucocortikoide (ACTH-Anstieg auf fast das Doppelte nach einer mehrwöchigen Serie mit täglichen Behandlungen). Schon dadurch können klinische Verbesserungen bei Rheumatikern sowie Asthmatikern einschließlich der Möglichkeit einer Dosisreduktion verabreichter Steroide erklärt werden.

Man kann also davon ausgehen, daß regelmäßiges Winterbaden nicht nur zu einem gesenkten Sympathikotonus führt (sog. „Vagotonisierung"), sondern daß insgesamt die Steuerung vegetativer Ab-

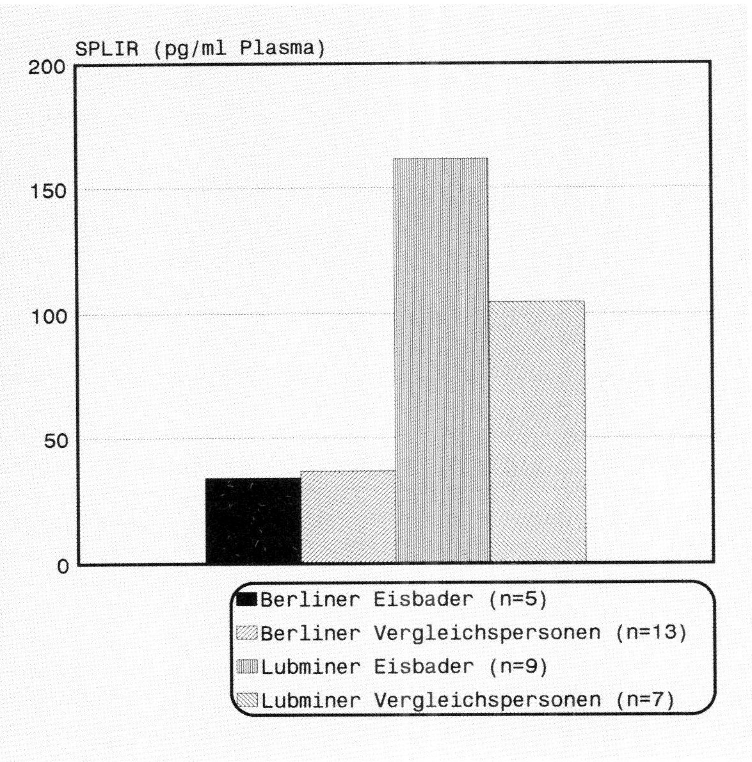

Abb. 23: Ausgangswerte der Substanz P im Blutplasma bei verschiedenen Probandengruppen.

Eisbaden in historischen Badekostümen am Orankesee in Berlin.
Foto: Ullstein – Joachim Schulz

läufe mit einem geringeren Aufwand erfolgt. Der vegetative Tonus ist gewissermaßen insgesamt gesenkt.

Auch hinsichtlich der Substanz P im Blutplasma sollte ein Vergleich der Ausgangswerte erfolgen. Da wir den Eindruck hatten, daß es neben den Anpassungseffekten durch das Eisbaden regionale Unterschiede gibt, haben wir zusätzlich zu Berliner Eisbadern Berliner Vergleichspersonen und zu Lubminer Eisbadern Lubminer Vergleichspersonen unter jeweils gleichen Bedingungen untersucht. Die Abbildung 23 zeigt die gewonnenen Resultate. Berliner Eisbader zeigen in etwa gleiche Werte wie die Berliner Vergleichspersonen. Das Niveau der in Lubmin untersuchten Probanden liegt jedoch deutlich höher. Die höchsten Werte zeigen die Lubminer Eisbader. Langfristige klimatische Einflüsse oder auch der Lebensstil scheinen also eine größere Rolle für die Konzentration der Substanz P im Blutplasma zu spielen als Maßnahmen der Abhärtung. Dieser Trend kann jedoch durch das Eisbaden noch zusätzlich beeinflußt werden. Die Probanden mit den höchsten Werten und damit möglicherweise auch der höchsten Streßstabilität sind die Lubminer Eisbader. Ob nun für die insgesamt erhöhten Werte der Lubminer Probanden das andere Klima an der Ostseeküste oder aber die anderen Lebensumstände in einem kleinen Ort gegenüber einer Großstadt verantwortlich sind, darüber kann zunächst nur spekuliert werden.

3.4.3 **Höhere Streßtoleranz durch Winterschwimmen?**

Die bisher vorgestellten Ergebnisse legen die Vermutung nahe, daß regelmäßige Abhärtungsmaßnahmen wie das Winterbaden eine erhöhte vegetative Stabilität nach sich ziehen. Dafür spricht z. B. die geringere Herzfrequenz. Geringere Herzfrequenz bedeutet aber ökonomischere Herzarbeit und damit auch eine sinnvolle physiologische Anpassung. Dies kann im Zusammenhang mit der geringer werdenden Reaktion auf einen Kaltreiz bei zunehmendem Anpassungsgrad im Sinne einer unspezifischen Anpassung (Habituation) gewertet werden. Auch der geringere Abfall der Substanz P im Blutplasma bei Eisbadegewohnten gegenüber Neulingen spricht für eine erhöhte Stabilität – ebenso wie die hohen Substanz-P-Werte im Blutplasma (Ausgangswerte) bei den Lubminer Eisbadern. Im Zusammenhang damit kann eine Modifikation der Streßverarbeitung angenommen werden. Dabei wird in Anlehnung an Selye (1974) unter Streß „the non specific response of the body to any demand made upon it" verstanden. Das generelle Adaptationssyndrom bzw. Streßsyndrom verläuft in 3 Stadien. Die Stadien der Alarmreaktion und Erschöpfung sind schädlich und werden als Disstreß bezeichnet. Erstrebenswert ist das Stadium der Resistenz, bei dem die Widerstandsfähigkeit gegenüber Streß allgemein angehoben ist. Dieses Stadium der Resistenz muß durch dauerndes Training gehalten werden (Classen 1976). Physikalischen Reizen, wie Wärme und Kälte, kommt dabei eine erhebliche Bedeutung zu.

Experimentell konnte gesichert werden, daß die Substanz P („SP") eine wesentliche Rolle bei der Streßverarbeitung spielt. Die Ergebnisse von Tierversuchen sind zunächst widersprüchlich. Beim gesunden Tier erzeugt einmalige Gabe eine ähnliche Wirkung, wie sie durch Streß auslösbar ist. Anschließend erhöht sich, ähnlich wie nach einem vorangegangenen Streß, die Adaptationsfähigkeit gegenüber einem nachfolgenden Streß. Andererseits kann nach einem chronischen Streß exogen verabreichte SP die durch den Streß verminderte endogene SP substitutieren und Normaleinstellung bewirken (Übersicht bei Nieber und Oehme 1985). Ein wesentlicher Wirkungsmechanismus besteht in einer Regulierung der Biosynthese der Katecholamine durch Substanz P. SP und Endorphine hemmen sowohl die Freisetzung der Streßhormone als auch deren periphere Effekte (Sudakov u. Salieva 1988, Poppei et al. 1988). Im Tierversuch bleibt ein Anstieg von Adrenalin und Noradrenalin im Plasma nach Streß aus, wenn vor dem Streß eine Substanz-P-Applikation erfolgt. SP beeinflußt bei gestreßten Tieren sowohl die prä- als auch die postsynaptische Aktivität des sympathischen Systems, nicht jedoch die ungestreßter Kontrolltiere (Nieber et al. 1988). Die bei Berliner Winterschwimmern beobachtete geringere Beeinflußbarkeit der SP im Zusammenhang mit dem thermischen Reiz des Eisbades könnte sowohl Ausdruck einer erhöhten vegetativen Stabilität bei wiederholter Einwirkung desselben Reizes im Sinne einer Habituation sein, als auch auf eine modifizierte Streßverarbeitung schlechthin deuten.

Es kann vermutet werden, daß die bei den Eisbadern zu beobachtende höhere vegetative Stabilität nicht nur auf die Situationen des Eisbadens beschränkt ist, sondern auch bei anderen stressorischen Einflüssen zum Tragen kommt. Viele subjektive Angaben der Eisbader belegen diese These.

3.5 Wirkungen auf das Blutbild

Der unmittelbare Einfluß eines Eisbades auf das Blutbild wurde an 9 eisbadegewohnten Probanden untersucht (Abb. 24). Man erkennt, daß es zu einem signifikanten Anstieg der Leukozyten kommt, wobei sich die Veränderungen noch im Normbereich bewegen. Der Leukozytenanstieg ist in erster Linie auf eine Erhöhung der polymorphkernigen neutrophilen Granulozyten zurückzuführen und hat sich auch nach einem Tag noch nicht vollständig ausgeglichen. Diese Veränderungen sollen jedoch nicht überbewertet werden, sondern im Sinne einer allgemeinen Streßreaktion gedeutet werden, bei der regelmäßig über Leukozytenanstiege berichtet wird.

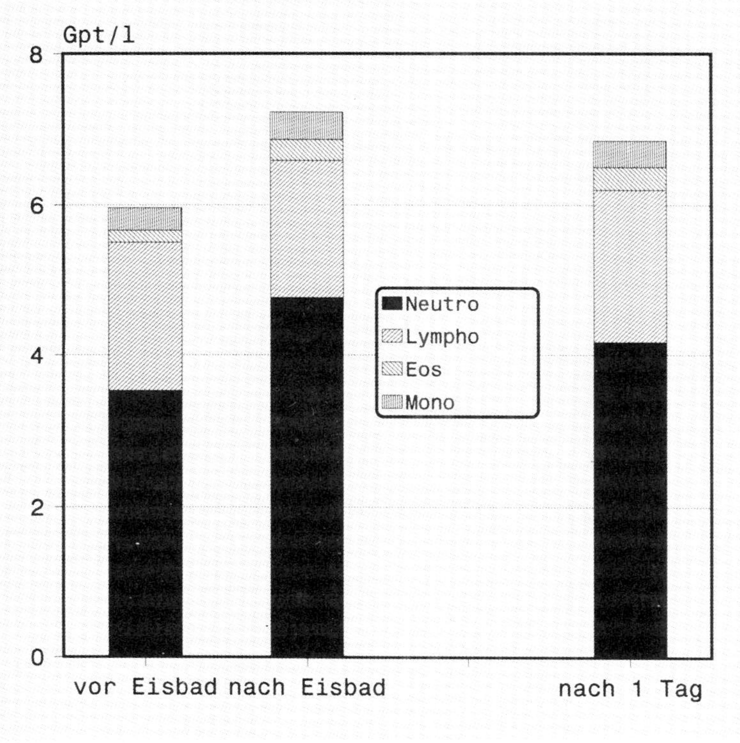

Abb. 24: Auswirkungen eines Eisbades auf das Blutbild.

Die deutliche Beeinflussung der Granulozyten legte eine nähere Untersuchung dieser Zellpopulation nahe, da neben der Zahl der Blutzellen auch deren Funktion physiologisch von Bedeutung ist. Wir untersuchten daher 5 eisbadegewohnte Probanden mit Hilfe eines sog. JNT-Testes. Mit diesem Test läßt sich die Aktivität der Granulozyten anhand der Zahl der freien Radikale, die von diesen freigesetzt werden, messen. Die freien Sauerstoffradikale können jedoch nicht unmittelbar erfaßt werden, sondern es wird die Veränderung eines Farbstoffes gemessen, der sich in Abhängigkeit von der Konzentration der freien Sauerstoffradikale verändert. Es erfolgte nicht nur eine Messung der basalen Aktivität der Granulozyten, die

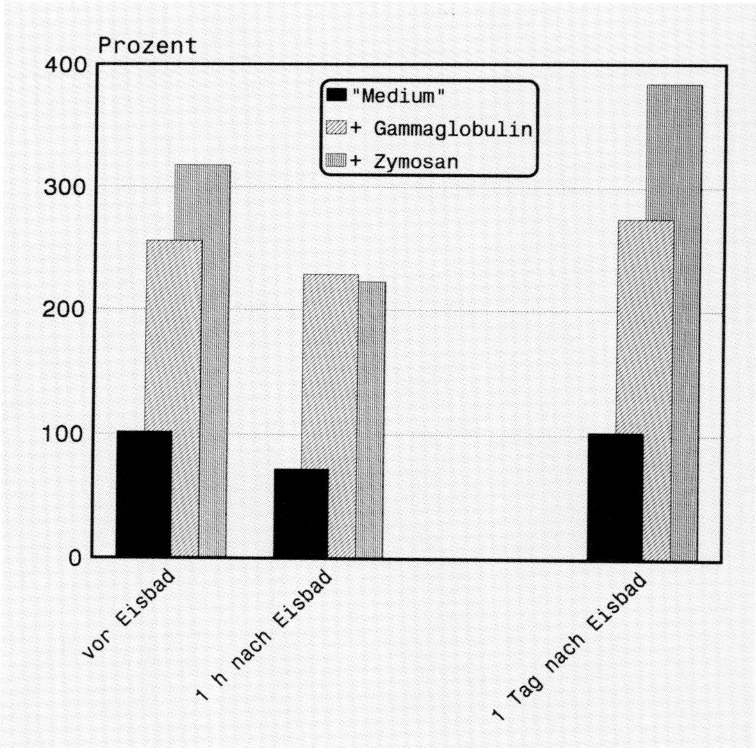

Abb. 25: Auswirkungen eines Eisbades auf die relative Granulozytenaktivität.

im Ausgangswert = 100 % gesetzt wurde, sondern es erfolgte zusätzlich eine Testung der Stimulierbarkeit der Granulozyten einerseits durch den Zusatz von aggregiertem γ-Globulin, was physiologisch dem Modell einer Pinozytose entsprechen könnte, und zum anderen durch den Zusatz von opsoniertem Zymosan, was physiologisch dem Modell einer Phagozytose entsprechen könnte. Sowohl der Zusatz von γ-Globulinen als auch von Zymosan erhöht die Aktivität der Granulozyten drastisch.

Die Abbildung 25 zeigt die Veränderung bei einem Eisbad. Akut kommt es zu einer mäßigen, jedoch deutlichen Depression der Granulozytenfunktion, die jedoch nach einem Tag überschießend ausgeglichen ist. Man kann diesen Abfall der Granulozytenaktivität durch eine Streßreaktion erklären, bei der ja auch vermehrt Cortisol freigesetzt wird. Cortisole wiederum erhöhen sowohl die Zahl der Granulozyten, deprimieren jedoch deren Funktion. Dieses Verhalten der Granulozyten kann man in ähnlicher Weise übrigens auch bei der Sauna beobachten. Auch beim Eisbaden läßt sich somit die Schlußfolgerung ableiten, daß ein Partialmechanismus der Abwehr möglicherweise auch geschwächt wird. Dies ist zwar von vorübergehender Natur, jedoch einer der Gründe dafür, weshalb man mit einem akuten oder auch beginnenden Effekt auf thermisch intensive Maßnahmen, wie auch z. B. das Winterschwimmen, verzichten sollte. Im Einzelfall kann nicht vorhergesagt werden, wie die Reaktion des Organismus auf diesen thermischen Streß ablaufen wird und ob der beginnende Infekt kupiert oder sogar verschlimmert wird.

3.6 Wirkungen auf das unspezifische Immun- und Resistenzsystem

3.6.1 Unmittelbare Effekte

Ganz wesentlich im Zusammenhang mit der Abhärtung ist sicherlich das Immun- bzw. Resistenzsystem. Ohne näher auf Einzelheiten eingehen zu wollen, kann man doch von der weitverbreiteten Auffassung ausgehen, daß Immunmechanismen spezifischer Natur sind, wohingegen die Resistenz unspezifische Abwehrvorgänge repräsentiert. In diesem Zusammenhang darf die schon erwähnte akrale Durchblutungsregulation nicht vergessen werden. Sie scheint uns überhaupt einer der wesentlichen Mechanismen für die Abwehr speziell im Nasen-Rachen-Raum zu sein. Der Grund ist darin zu suchen, daß die Akren (also die Finger) in einem engen reflektorischen Zusammenhang zur Durchblutung im Nasen- und Rachenraum stehen. Gute Durchblutung der Akren in Kälte bedeutet also auch gute Durchblutung der Nasen- und Rachenschleimhaut. Dies wiederum hat zur Folge, daß sehr viele immunkompetente Zellen an den Ort des ersten Eindringens der Erreger – meist also den Nasen-Rachen-Raum – gelangen und hier wirksam werden können. Dieser Effekt ist jedoch methodisch schwer zu fassen, obwohl er sicherlich einer der Haupteffekte einer gesteigerten Abwehr ist.

Auch die schon geschilderten Blutbildveränderungen und die Veränderungen der Granulozytenfunktionen lassen sich der unspezifischen Resistenz zurechnen. Wie beschrieben, kommt es aktuell zu einer geringen Absenkung der Granulozytenfunktion, die jedoch nach einem Tag überschießend ausgeglichen ist.

Als einen weiteren Parameter für die Funktion der weißen Blutzellen haben wir die sog. „Orogranulozyten" untersucht. Die Orogranulozyten stellen weiße Blutkörperchen im Mundspeichel dar. Ihre Zahl ist u. a. von der Zahl der noch vorhandenen Zähne abhängig, da sie u. a. über die Spalten zwischen Zahnfleisch und Zahn in den Speichel gelangen. Ihre biologische Funktion ist nicht ganz klar. Möglicherweise sind sie jedoch auch als ein Indikator der Abwehr zu sehen. Wir haben Eisbader vor und unmittelbar nach einem Eisbad untersucht (siehe Abb. 26) und einen deutlichen Anstieg der Orogranulozytenzahl gefunden. Da wir aber schon mehrfach darauf hingewiesen haben, daß sich die Effekte des Laufens mit denen des

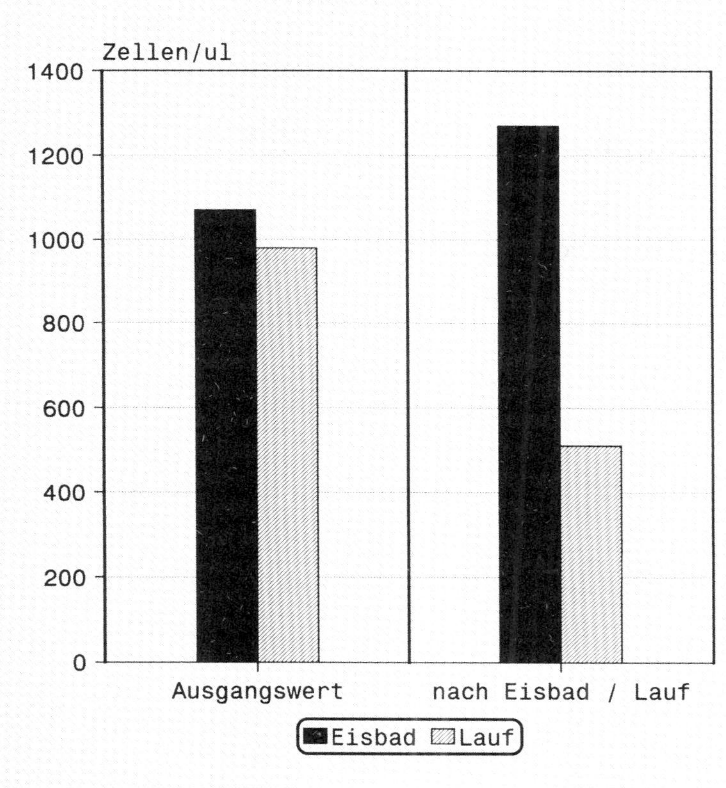

Abb. 26: Die „Orogranulozytenzahl" beim Eisbaden.

eigentlichen Kaltreizes überlagern, haben wir zusätzlich eine Gruppe untersucht, die nur an der kalten Luft gelaufen ist. Hier ließ sich ein deutlicher Abfall der Orogranulozytenzahl nachweisen. Der Anstieg der Orogranulozytenzahl nach dem Eisbad ist also als kältespezifisch anzusehen. Er sollte aber ebenso wie ein Anstieg der Granulozyten im Blut nicht überinterpretiert werden.

Es ist zu bemerken, daß die Kinetik der Veränderungen nach dem thermischen Reiz des Eisbades hinsichtlich der Zahl der Leukozyten und ihrer Funktion deutlich unterschiedlich und somit offenbar von verschiedenen Faktoren abhängig ist. Während die Zahl der Leukozyten und speziell der Neutrophilen einen Tag nach dem Eisbad noch deutlich erhöht bleibt, ist die Granulozytenfunktion bereits zu den Ausgangswerten zurückgekehrt. Man könnte vermuten, daß zumindest einen Tag nach dem Eisbad eine größere Zahl funktionstüchtiger Granulozyten zur Verfügung steht und damit das Abwehrpotential erhöht ist.

Vergleichbare Untersuchungen zur Wirkung eines intensiven Kältestresses auf zelluläre Immun- bzw. Resistenzparameter finden sich in der Literatur nur vereinzelt.

Am ehesten vergleichbar ist der thermisch intensive Reiz des Winterschwimmens noch mit der Ganzkörperkältetherapie bei -120° Lufttemperatur. Birwe und Mitarbeiter (1986) berichten über einen signifikanten Anstieg von Hb, Hk, Thrombozyten, Leukozyten und speziell den Lymphozyten, denen aber nach drei Stunden bei Hb, Hk und Lymphozyten ein Abfall unter den Ausgangswert folgte. Der Anstieg der Lymphozyten ist jedoch bei der Ganzkörperkältetherapie stärker.

Demgegenüber führen ausgeprägtere Hypothermien, wie sie bei Unterkühlungen durch Unfall vorkommen, zu deutlichen Leukopenien und Lymphopenien (Übersicht bei Killian 1966).

Der Abfall der Leukozyten bei Unterkühlung soll nach älteren Untersuchungen (Staemmler 1923) durch eine Anreicherung weißer Blutzellen im Kapillarfilter der Lunge zustandekommen.

Andererseits reicht bereits der relativ geringe thermische Reiz in Form eines Wechselgusses aus, um eine Steigerung der Transformationsrate im Lymphozytentransformationstest hervorzurufen (Schnizer et al. 1988). Die Autoren vermuten eine Aktivierung der zellvermittelten Immunantwort als Folge einer Stimulation von Lymphokinen, wobei den in der Epidermis lokalisierten immunkomponenten Zellen (u. a. Langerhans-Zellen) eine besondere Bedeutung zukommt. Aber auch eine Beeinflussung der Immunreaktion über das Vegetativum oder hormonelle Reaktionen ist denkbar.

Diese Untersuchungen unterstreichen auch für Kälteanwendungen, daß die Intensität des Reizes und das Ausmaß der Temperaturveränderungen im Körperkern entscheidend für die immunologische Antwort des Organismus sind. Zudem kann vom Verhalten des gesunden Organismus nicht unmittelbar auf die Reaktion eines pathologisch veränderten Immunsystems geschlossen werden.

Auch für Kälteanwendungen gilt, daß es zur Erzielung erwünschter immunologischer Reaktionen offenbar weniger auf eine thermische Belastung des Körperkerns als vielmehr auf den thermischen Hautreiz ankommt.

Als lokalen Immunparameter haben wir weiterhin das Immunglobulin A im Speichel, das ein Anheften von Bakterien und Viren im Nasen-Rachen-Raum und damit ein erstes Eindringen in den Organismus verhindern soll, untersucht. Hier fanden wir akut keine signifikanten Veränderungen.

Die Veränderungen im Speichel lassen sich z.T. durch vegetative Umstellungen erklären. Speicheldrüsen werden sowohl sympathisch als auch parasympathisch innerviert. Eine parasympathische Reizung führt zu Gefäßerweiterung und reichlicher Bildung serösen Speichels, eine sympathische Reizung hat dagegen die Sekretion einer geringen Menge mukösen, eingedickten Speichels zur Folge. Eine Sympathikusaktivierung könnte daher einen Anstieg der Orogranulozytenzahl nach Eisbad erklären, da die geringere Menge an Speichel auch mit einem geringeren Verdünnungseffekt des Gingivalfluids, dem die Orogranulozyten überwiegend entstammen, einhergeht. Vegetative Umstellungen allein scheinen jedoch als Erklärung für die beschriebenen Veränderungen nicht auszureichen.

Durchblutungsänderungen der Schleimhaut kommen als weitere ursächliche Faktoren infrage. Dafür spricht auch die differente Reaktion des Orogranulozyten auf den thermischen Reiz des Saunabades bzw. Winterschwimmens. Eine Diskussion des Temperaturfaktors und lokaler Durchblutungsänderungen im Nasen-Rachen-Raum ist somit unerläßlich.

Nach Berger und Hummel (1964) vermindert regionale Abkühlung die lokale Abwehr der Schleimhäute gegen Infekte. Zusätzlich können akute Temperaturveränderungen eine synchronisierte Bakterienvermehrung induzieren (Bernstein und Zeuthen 1966; Tamura et al. 1966). Nach Pöllmann (1985, 1987) kann dies Auslöser für eine Erkältungskrankheit sein.

Auch der Temperaturfaktor an sich dürfte eine Rolle für die Adhärenz von Bakterien an die Epithelzellen und damit den ersten Schritt zur Auslösung einer Infektion spielen. Berdal und Mitarbeiter (1985) konnten mit Hilfe von in vitro-Versuchen zeigen, daß die Adhäsion von Bakterien (Pseudomonas aeruginosa) an menschliche Epitheloidzellen im Temperaturbereich von 22–37° C zunimmt. Dies könnte die Häufigkeit mancher Infektionen z. B. in Whirlpools erklären.

Seit vielen Jahren besteht die Vorstellung, daß die Durchblutung im Nasen-Rachen-Raum und an den Akren eng miteinander zusammenhängt. Schon P. Schmidt und Kairies beschrieben 1932 einen Zusammenhang zwischen thermischen Reizen an den Akren und der Mundtemperatur. Während kalter Fußbäder folgte einem initialen Anstieg der Mundtemperatur ein starker Abfall. Die Befunde bestätigten Demling und Mitarbeiter 1956. Dieser biphasische Verlauf der Mundtemperatur ist bei sehr starken Kaltreizen an den Extremitäten zu beobachten. Nach Pöllmann (1985) führen sowohl kurzzeitige kalte Fußbäder (8–13° C Wassertemperatur) als auch wechselwarme Fußbäder zu einer Erhöhung der oropharyngealen Schleimhauttemperatur. Nur bei länger andauernden kalten Fußbädern kann ein Abfall der oropharyngealen Schleimhauttemperatur beobachtet werden, was Pöllmann (1987) in Zusammenhang mit dem Abwehrverhalten gegenüber Infektionen bringt. Franke (1970, 1973) glaubt, den Mechanismus der Temperaturerhöhung der Schleimhaut, z. B. durch kurze Kaltreize, zur Therapie nutzen zu können.

Die Ergebnisse an Winterschwimmern demonstrieren eine verbesserte Fähigkeit der Akren zur Wiedererwärmung unter kalten Umgebungsbedingungen. Dies könnte mit einem verbesserten thermischen Zustand im Nasen-Rachen-Raum unter Berücksichtigung der jeweils spezifischen Bedingungen einhergehen.

Aus dem Verhalten der Temperatur im Nasen-Rachen-Raum kann jedoch nicht unmittelbar auf die Durchblutung und das Verhalten lokaler Abwehrmechanismen geschlossen werden.

Insgesamt sind die Veränderungen am Resistenzsystem, die man in Zusammenhang mit dem Winterschwimmen bringen kann, nur gering ausgeprägt. Dies trifft auch auf eine Reihe von Parametern im Blut zu. So ließen sich weder für die Bluteiweiße (Elektrophorese) noch für die Komplementfaktoren C3 und C4, noch für das Interferon signifikante Veränderungen unmittelbar durch ein Eisbad finden.

Tierversuche zur Kältewirkung sind erstmalig 1887 von Widal und Sicard veröffentlicht worden. Sie fanden, daß poikilotherme Tiere bei höheren Umgebungstemperaturen (37° C) in ausreichender Weise humorale Antikörper bilden, bei 12° C Umgebungstemperatur dagegen die Antikörperbildung komplett sistiert, was inhaltlich auch Befunden von Arbusoff (1952) entspricht. Überschießende Immunreaktionen können offenbar ebenfalls durch Kälte gehemmt werden (Tierversuche von Friedberger und Seidenberg 1926).

Erneutes Interesse im Hinblick auf humorale Immunreaktionen

hat die Wirkung einer allgemeinen Kälte nach der Einführung der Ganzkörperkältetherapie durch Yamauchi 1979 gefunden. Neben Veränderungen zellulärer Parameter beobachteten Birwe und Mitarbeiter (1986) einen geringen Anstieg von C3 und C4.

Intensive generalisierte Kälteeinwirkungen scheinen insgesamt eher immunosuppressiv zu wirken oder sie haben – wie das Winterschwimmen – kaum einen Einfluß auf humorale Immunparameter.

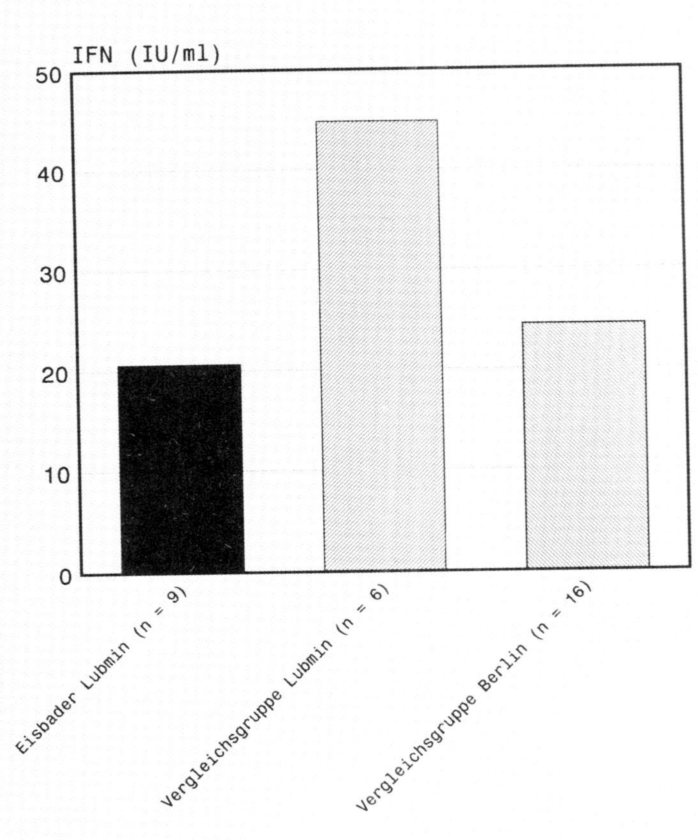

Abb. 27: Interferontiter bei Eisbadern.

3.6.2 **Langfristige Anpassungserscheinungen**

Die Erkenntnisse über langfristige Umstellungen am Immunsystem stellen sich noch spärlicher dar als die akuten Veränderungen. Weder in der Elektrophorese noch den Immunglobulinen oder dem Interferon ließen sich Veränderungen finden. Dies trifft auch auf die Leukozytenzahl und die Orogranulozyten zu. Lediglich beim Komplementfaktor C4 war ein nicht signifikanter niederer Spiegel zu finden, was möglicherweise auf eine unspezifische Aktivierung des Komplementsystems hindeuten könnte. Die Granulozytenfunktion war gering deprimiert, der Immunglobulin A-Gehalt im Speichel gering erhöht.

Ein interessantes Ergebnis ließ sich noch bei der Untersuchung des Interferontiters im Blutplasma bei unterschiedlichen Probandengruppen erhalten (Abb. 27). Interferon ist bekanntermaßen ein körpereigener, von den Zellen produzierter Stoff, der u. a. Zellen vor einer Virusinfektion schützen kann und auch eine Rolle bei der Abwehr von Krebszellen spielt. Wir haben Lubminer Eisbader, eine Vergleichsgruppe in Lubmin sowie eine Vergleichsgruppe in Berlin untersucht. Hier fand sich lediglich bei der Vergleichsgruppe in Lubmin ein deutlich erhöhter Interferontiter. Ähnlich wie bei der Substanz P kann man also davon ausgehen, daß langfristige klimatische Umstellungen und/oder die anderen Lebensumstände hier eine größere Rolle spielen als die Abhärtungsprozedur. Dies ist übrigens ein deutlicher Unterschied zur Sauna, wo man bei langjährigen regelmäßigen Saunabadern deutlich erhöhte Titer gefunden hat.

Untersuchungen zum Resistenzverhalten des menschlichen Organismus unter dem Einfluß physikalischer Reize müssen sich konkret an der jeweiligen Fragestellung orientieren und können nur zu klar definierten Bedingungen eine Aussage erwarten lassen. Hinzu kommt die Schwierigkeit, daß es beim Gesunden nicht einfach ist, langfristig eine weitere Stabilisierung des Gesundheitszustandes nachzuweisen. Dies trifft auch auf immunologische Parameter zu, die in erster Linie eine Veränderung und damit auch therapeutische Beeinflussungsmöglichkeit beim Kranken zeigen.

3.7 Gibt es Hinweise für eine Beeinflussung spezifischer Abwehrmechanismen?

Die bisherigen Darlegungen haben in erster Linie das unspezifische System und damit die Resistenzparameter betroffen. Möglicherweise wird jedoch eine spezifische Funktion ebenfalls beeinflußt. Wegen ihrer praktischen Relevanz haben wir den Antikörper-Titer gegenüber Grippeviren bestimmt. Als Modell für eine Infektion bietet sich dabei eine Grippeschutzimpfung an. Hierbei ließ sich – wie übrigens auch bei der Sauna – keine Beeinflussung in der Antikörperproduktion bei Eisbadern gegenüber einer Vergleichsgruppe nachweisen. Mit anderen Worten: die spezifische Antikörperproduktion ist vermutlich in keiner Weise durch Abhärtungsmaßnahmen zu beeinflussen. Dies ist auch zu erwarten gewesen, da der Mensch in seiner Phylogenese vielfältigen klimatischen Einflüssen ausgesetzt war, und es nicht zu erwarten ist, daß ein derartig spezifischer Prozeß, wie ihn die Antikörperproduktion darstellt, von klimatischen oder anderen thermischen Faktoren beeinflußt werden kann.

Eine zusammenfassende Übersicht über die Beeinflussung von Immun- und Resistenzparametern bei Eisbadern zeigt nochmal die Tabelle 6. Die Ergebnisse sprechen insgesamt für eine nur geringe

	Unmittelbarer Einfluß	langfristige Umstellungen
Bluteiweiße (Elektrophorese)	(=)	(=)
Immunglobuline im Serum	(=)	(=)
spezifische Antikörper-Produktion (Grippe)	?	(=)
Komplementfaktor C3	(=)	(=)
Komplementfaktor C4	(=)	n.s. Abfall
Interferon	(=)	(=)
Leukozytenzahl	sign. Anstieg	(=)
Granulozytenfunktion	sign. Abfall	n.s. Abfall ?
Immunglobulin A im Speichel	?	n.s. Anstieg
Orogranulozyten	sign. Anstieg	(=)

Tab. 6: Immun- und Resistenzparameter bei Eisbadern (zusammenfassende Übersicht). Die Ergebnisse sprechen für eine nur geringe Beeinflussung des Immun- und Resistenzsystems. Ein Teil der Ergebnisse (z. B. der Leukozytenanstieg) läßt sich als unspezifische Streß-Reaktion interpretieren.

Beeinflussung des Immun- und Resistenzsystems. Ein Teil der Ergebnisse (z. B. der Leukozytenanstieg) läßt sich als unspezifische Streßreaktion interpretieren.

3.8 Biochemische Veränderungen

Für die Abhärtung wurden bisher Effekte an folgenden Organsystemen verantwortlich gemacht:

- Wärmehaushalt einschließlich akraler Durchblutungsregulation,
- vegetatives Nervensystem,
- Immun- bzw. Resistenzsystem.

Die Wirkung abhärtender Maßnahmen auf so unterschiedliche Systeme legte die Vermutung nahe, daß es noch andere, elementarere, biochemisch beschreibbare Mechanismen gibt, die eine Abhärtung bedingen.

Zunächst untersuchten wir an 9 Eisbadern (6 Männer, 3 Frauen) vor einem Eisbad, 1 Stunde danach sowie nach 24 Stunden allgemeine klinisch-biochemische Routine-Parameter:

Folgende Parameter sind in üblicher Methodik gemessen worden: Elektrolytkonzentrationen, Gesamteiweiß, Immunglobuline, Kreatinin, Cholesterol, Glucose, Harnsäure sowie die Aktivitäten der Transaminasen ALAT, ASAT und einiger weiterer Enzyme.

Die Ergebnisse sind summarisch in Tabelle 7 zusammengefaßt. Auf die Angabe von Zahlenwerten wurde wegen der besseren Übersicht verzichtet. Keinerlei Änderungen gab es bei der Konzentration der Elektrolyte, des Cholesterols und der Glucose. Bei den Immunglobulinen ließen sich leichte temporäre Erhöhungen von IgA und IgM beobachten. Für die Enzymaktivitäten konnte im wesentlichen ein Abfall der ALAT-Aktivität 1 Stunde nach dem Eisbaden gemessen werden. Die deutlichsten Veränderungen wurden aber bei der Harnsäurekonzentration gefunden, 1 Stunde nach dem Eisbaden ist sie drastisch und signifikant abgefallen.

Diese 1 Stunde nach dem Eisbaden beobachteten Veränderungen haben sich am nächsten Tag zurückgebildet. Lediglich das Gesamteiweiß zeigt hier einen minimalen Abfall.

In erster Linie verlangt der auffällige Abfall der Harnsäurekonzentration im Plasma der Winterschwimmer 1 Stunde nach dem Eisbaden eine nähere Analyse. Dem sollte näher nachgegangen werden, zumal auch von Taghawinejad (1989) ähnliche Beobachtungen bei

	Ausgangswert	1 Stunde	24 Stunden
Elektrolyte	normal	-	-
Cholesterol	normal	-	-
Glucose	normal	-	-
Gesamteiweiß	normal	-	leichter Abfall
IgG	normal	-	-
IgA	erhöht	Anstieg	Ausgangswert
IgM	erhöht	leichter Anstieg	Ausgangswert
ASAT	obere Normgr.	leichter Abfall	Ausgangswert
ALAT	obere Normgr.	Abfall	Ausgangswert
Alk. Phosph.	normal	leichter Anstieg	Ausgangswert
GGT	obere Normgr.	-	-
Amylase	normal	-	-

Tab. 7: Klinisch-chemische Parameter im Blutplasma von Winterschwimmen (n = 9: 6 Männer, 3 Frauen)

der Kältekammer mitgeteilt wurden. Die Kältekammer dient vor allem der Behandlung rheumatischer Erkrankungen. Hier setzen sich weitgehend unbekleidete Patienten für wenige Minuten einer Lufttemperatur von ca. –120° C aus. Der hier beobachtete Harnsäureabfall liegt jedoch deutlich unter den von uns beim Eisbaden gemessenen Werten und wurde von den Autoren ursprünglich als eine Hemmung des Purinmetabolismus interpretiert. Die thermische Belastung ist jedoch trotz der extremen Temperaturen in der Kältekammer als geringer einzuschätzen als beim Eisbaden, da Luft eine wesentlich geringere Wärmeleitfähigkeit aufweist als Wasser.

Um die Vermutung zu belegen, daß der beschriebene Harnsäureabfall „dosisabhängig" ist, d. h. von der Stärke des Kaltreizes abhängt, wurden daher weitere Probandengruppen untersucht. Als intensivster Kaltreiz kam wieder das Eisbaden zum Einsatz. 27 klinisch gesunde Probanden (21 Männer, 6 Frauen) im Alter von 18 bis 59 Jahren (x = 36,1 ± 11,8 Jahre), die das Eisbaden seit 1 bis 10 Jahren regelmäßig in den Wintermonaten betreiben, nahmen an der Untersuchung teil. Vor dem Eisbad, 1 Stunde danach sowie nach 24 Stunden erfolgten Blutentnahmen zur späteren Analyse. Als 2. Versuchsgruppe wurden 10 klinisch gesunde männliche Probanden im Alter von 18 bis 33 Jahren (x = 25,9 ± 5,2 Jahre) im Zusammenhang mit einem weniger intensiven Kaltreiz untersucht. Diese Probanden duschten über 4 min intensiv kalt (Wassertemperatur 10° C, Tageszeit: zwi-

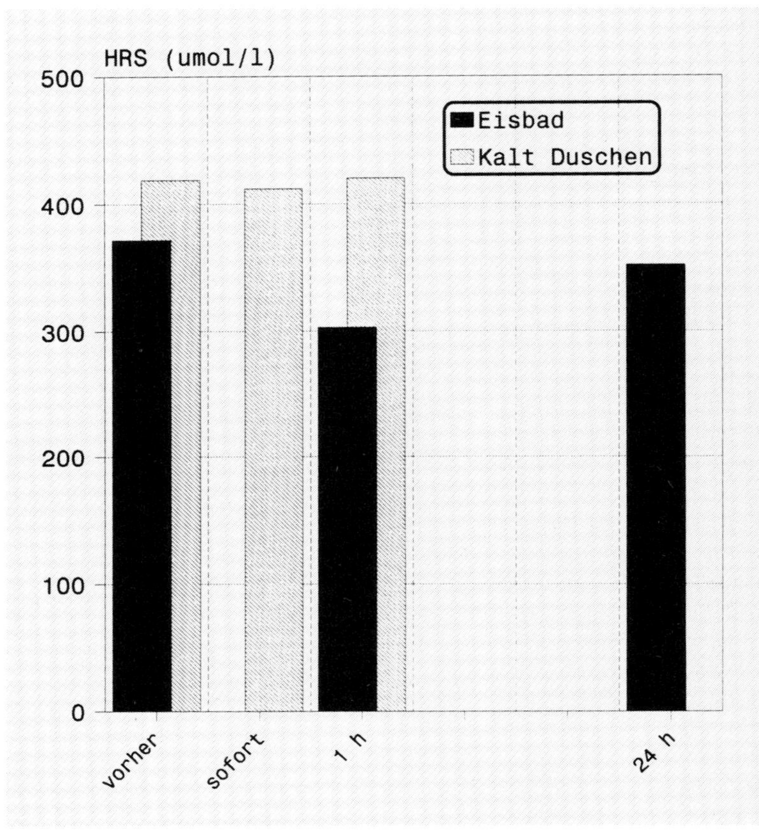

Abb. 28: Dosisabhängigkeit des Harnsäureabfalls im Blutplasma nach Kaltreiz.

schen 9.00 und 11.00 Uhr nach normalem Frühstück, Untersuchungsmonat: Ende Dezember). Vor dem Duschen, gleich danach sowie nach 1 Stunde wurde venös Blut entnommen und nach den oben beschriebenen Kautelen verarbeitet. Da angenommen werden konnte, daß mögliche Veränderungen geringer ausgeprägt als beim Eisbad und möglicherweise nur kurzfristig nachweisbar waren, erfolgte die Untersuchung auch unmittelbar nach dem Kaltreiz. Aus dem Blut wurde wiederum eine Reihe klinisch-chemischer Parameter bestimmt, wobei für die vorliegende Fragestellung nur die Harnsäure von Interesse war.

Die Resultate sind der Abbildung 28 zu entnehmen. Deutliche Veränderungen treten bei dem intensivsten Kaltreiz – dem Eisbaden – auf. Eine Stunde nach dem Bad ist die Harnsäure signifikant auf 82 % des Ausgangswertes abgefallen, nach spätestens 24 Stunden sind die Ausgangswerte wieder erreicht.

Wesentlich geringere Veränderungen sind bei dem deutlich milderen Kaltreiz – dem kalten Duschen – zu verzeichnen. Unmittelbar nach dem Bad ist die Harnsäurekonzentration minimal, jedoch signifikant abgefallen, nach 1 Stunde wieder ausgeglichen.

Die Ergebnisse lassen die Schlußfolgerung zu, daß Kaltreize in Abhängigkeit von der Intensität und damit von der Dosis einen Abfall der Harnsäurekonzentration im Blutserum nach sich ziehen. Der deutlichste Abfall tritt nach dem intensivsten Kaltreiz – dem Eisbad – auf, der geringste nach kaltem Duschen. Die von Taghawinejad und Mitarbeitern beschriebenen Ergebnisse im Zusammenhang mit der Ganzkörperkältetherapie lassen eine mittelstarke Reaktion erkennen. Wegen der andersartigen Untersuchungsbedingungen (Tageszeit, Nahrungsaufnahme) lassen sich die Ausgangswerte jedoch nicht mit unseren Ergebnissen vergleichen, wohl aber die Stärke der Reaktion.

Eine genauere Betrachtung der Ergebnisse zeigt jedoch, daß der Abfall der Harnsäurekonzentration nicht nur mit einer Beeinflussung des Purinmetabolismus erklärt werden kann. Zur Erklärung des Harnsäureabfalls muß man sich näher mit ihrer physiologischen Funktion auseinandersetzen. In seiner Endstrecke besteht der Purinkatabolismus in einer Umwandlung von Hypoxanthin und von Guanin zu Xanthin und einer nachfolgenden Verstoffwechselung zu Harnsäure. Letztere kann vom menschlichen Organismus im Gegensatz zu anderen Lebewesen nicht weiter metabolisiert werden und muß ausgeschieden werden. Diese Ausscheidung erfolgt zu 2 Drittel über die Niere, nur 1 Drittel erfolgt extrarenal. Wie man durch quantitative Berechnungen zeigen kann, übertrifft der Harnsäureverlust zumindest beim Eisbaden bei weitem die unter „normalen“ Stoffwechselbedingungen renal realisierbare Harnsäureausscheidung. Auch eine Hemmung der Harnsäureproduktion kommt als Erklärung für das bei Winterschwimmern beobachtete Ausmaß des Harnsäureabfalls nicht in Betracht.

Eine Interpretationsmöglichkeit ergibt sich aus der Funktion der Harnsäure als effektiver Fänger freier Radikale – besonders von Sauerstoffradikalen. Freie Radikale werden sowohl physiologisch als auch bei einer Reihe von pathophysiologisch relevanten Bedingungen gebildet. Sie haben z. B. eine Bedeutung bei Entzündungsreaktionen, rheumatischen Erkrankungen, Tumoren, der Arteriosklerose, dem Katarakt, der Strahlenkrankheit u. a. Den radikalgenerierenden Mechanismen stehen eine ganze Reihe antioxidativer Schutzsysteme gegenüber (siehe Tabelle 8). Die Harnsäure macht einen hohen Anteil der kettenbrechenden Antioxidantien im Blutplasma aus (Tabelle 9). Eine Reihe von Autoren hat die radikalfangenden Eigenschaften der Harnsäure näher untersucht (Ames et al. 1981, Becker et al. 1989, Howell und Wyngaarden 1960, Maples und Mason 1988, Wagner et al. 1987). Niki (1987) konnte zeigen, daß die Harnsäure eine beträchtliche Anzahl freier Radikale fangen kann, bevor diese Membranen attackieren und damit Zellschäden einleiten. Der Abfall der Harnsäurekonzentration im Blutserum wird von uns mit ihrer biologischen Eigenschaft als Radikalfänger erklärt. Als

Gruppe	**Beispiele**
Wasserlösliche Antioxydantien	Askorbinsäure (Lipidschutz)
	Harnsäure
	Plasma - Proteine
	Metallothionein
Lipidlösliche Antioxydantien	Alpha - Tocopherol
	Beta - Carotin
	Bilirubin
Enzyme	Superoxyd - Dismutase
	GSH - Peroxydase
	Katalase
	NADPH-Chinone - Oxydoreduktase
	Epoxyd-Hydrolase
	Konjugations-Enzyme wie GSH-S-Transferase
	GSSG-Reduktase
	NADPH-Regeneration
	Transport von GSSG
Metall-bindende Proteine	Transferrin, Ferritin (Fe III - Bindung)
	Coeruloplasmin (Kupferbindung)
	Metallothionein

Tab. 8: Schutzmechanismen gegen Sauerstoffradikale in der Leber und im Blutplasma. Die Tabelle listet die vielfältigen antioxidativen Schutzmechanismen auf (nach Gerber, Siems und Werner 1990).

Antioxidans	Anteil in Prozent
Harnsäure	35 - 65 %
Plasma - Proteine	10 - 50 %
Ascorbinsäure	0 - 24 %
Alpha - Tocopherol	5 - 10 %

Tab. 9: Natürliche Antioxidantien im Blutplasma. Man erkennt an dieser Tabelle, welchen hohen Anteil die Harnsäure als natürliches Antioxidans im Blutplasma einnimmt (nach Wayner et al. 1987).

Ursprungsort für die Generierung der Radikale wird die Muskulatur angesehen, deren verstärkte Tätigkeit (Muskelzittern!) dies nahelegt. Vermehrte Radikalbildung unter den Bedingungen einer starken Muskelarbeit ist bereits von verschiedenen Autoren beschrieben worden; wobei als Ursprungsort die Mitochondrien infrage kommen. So erhöht sich einerseits bei verstärkter Durchblutung der Muskulatur (erhöhte Sauerstoffbereitstellung) die Zahl gebildeter Sauerstoffradikale. Andererseits steigt bei partieller Entkopplung der mitochondrialen Atmung zusätzlich der prozentuale Anteil des Sauerstoffs, der zu Superoxidanionenradikalen reduziert wird. Die deutliche Dosis-Wirkungs-Beziehung bei den vorgestellten eigenen Ergebnissen und denen aus der Literatur weist darauf hin, daß es sich bei den beschriebenen Veränderungen nicht um einen Zufallseffekt handelt.

Um diese These zu erhärten, wurde an 10 Eisbadern ein wichtiger Indikator für den Radikalmetabolismus untersucht – der Glutathion-Gehalt in den roten Blutzellen. Glutathion gibt es in einer oxydierten und reduzierten Form (GSSG und GSH), aus Veränderungen im Glutathion-Status läßt sich auf eine akute radikalische Belastung schließen. Langfristige Anpassungen an einen chronischen oder wiederholten oxydativen Stress könnten sich an den Ausgangswerten zeigen. Die Abbildungen 29 und 30 zeigen die Resultate. Die Erhöhung von GSSG sowie des GSSG/Gesamtglutathion-Quotienten (bei leichtem Abfall des GSH) während bzw. nach dem Eisbaden deutet ebenfalls wie der Harsäureabfall auf eine erhöhte Bildung freier Radikale hin. Von erheblicher Bedeutung ist auch die Tatsache, daß wiederholte radikalische Belastungen durch intensive Kaltreize offenbar auch zu einer erhöhten Ausgangskonzentration von GSH und verringerter GSSG-Konzentration sowie gesenktem GSSG/Glutathion-Quotienten in den Erythrozyten von Winterschwimmern führen, was als Ausdruck einer antioxidativen Anpassung angesehen werden kann. Dies ist um so interessanter, als offenbar auch weniger intensive Kaltreize (kaltes Duschen) mit einer radikalischen Belastung des Organismus und aller Wahrscheinlichkeit demnach auch der Stärkung antioxidativer Schutzsysteme als Ausdruck einer Anpassung einhergehen.

Es kann davon ausgegangen werden, daß der derart adaptierte Organismus radikalische Belastungen unter verschiedenen pathologischen Bedingungen – wie z. B. Streß – besser bewältigen kann, worin ein neuer Mechanismus zur Abhärtung durch hydrotherapeutische Kaltreize gesehen wird. Der Effekt abhärtender Maßnahmen läßt sich somit nicht nur an relativ komplex gesteuerten Abläufen erkennen, sondern auch an elementaren biochemischen Reaktionen, wobei eine deutliche Dosis-Wirkungs-Beziehung besteht.

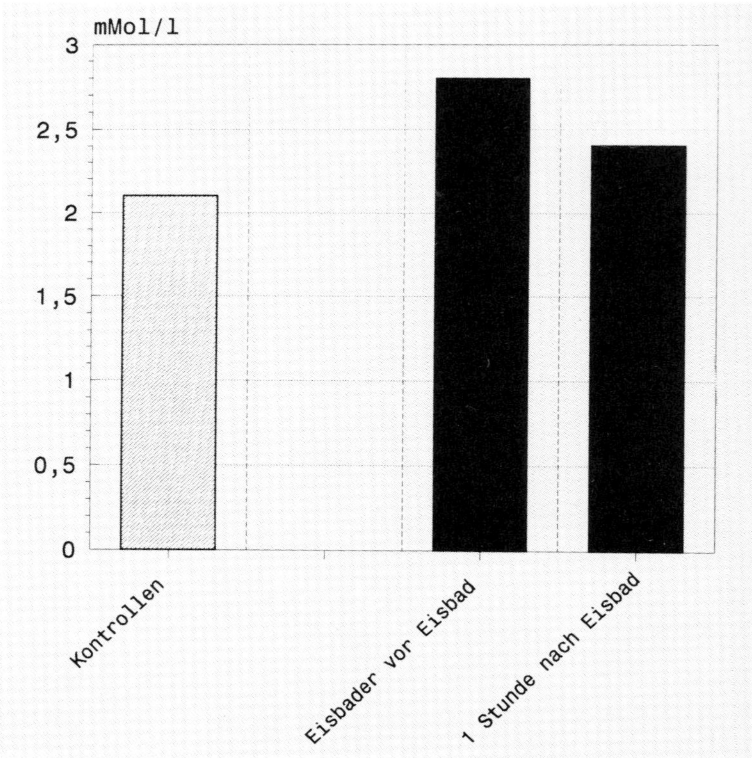

Abb. 29: Glutathiongehalt (GSH) in den Erythrozyten bei Eisbadern.

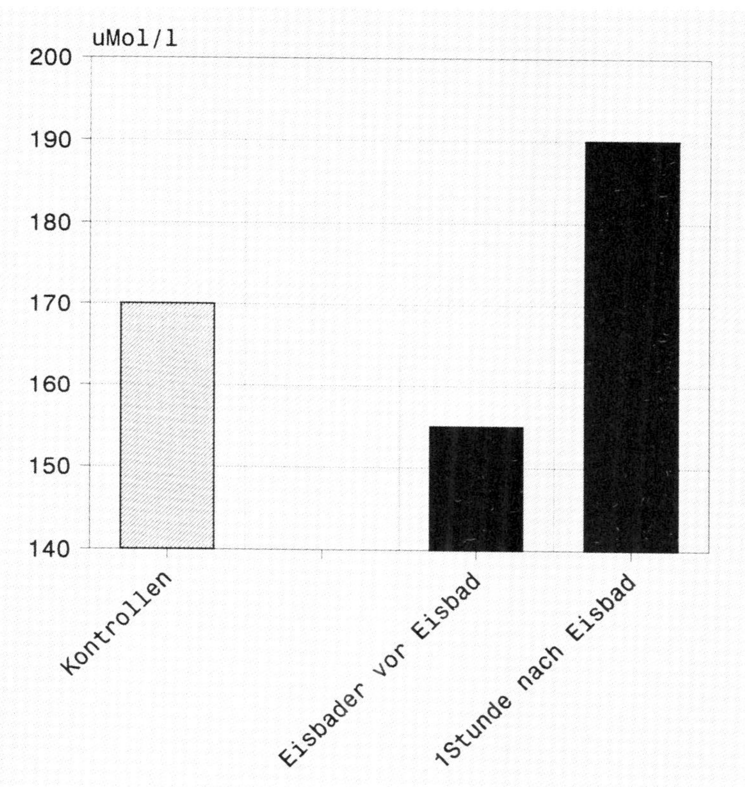

Abb. 30: Glutathiongehalt (GSSG) in den Erythrozyten bei Eisbadern.

Zusammenfassend kann man festhalten, daß Kaltreize zu einem dosisabhängigen Abfall der Harnsäurekonzentration im Blutserum führen, was anhand eigener Untersuchungen (Eisbaden, Kalt-Duschen) sowie auch Ergebnissen aus der Literatur (Kältekammer) belegt wird. Dieser Abfall resultiert nicht aus einer Hemmung des Purinstoffwechsels, sondern aus einer dosierten radikalischen Belastung während thermischen Stresses. Die radikalische Belastung und auch die daraus resultierenden Anpassungen sind offenbar so stark, daß es sogar in den roten Blutzellen zu deutlichen Veränderungen des Glutathiongehaltes – einem wichtigen Parameter zur Beurteilung des Radikalmetabolismus – kommt. Hierin wird ein elementarer biochemischer Mechanismus gesehen, der mit zur Erklärung des gesundheitsfördernden Effektes einer Abhärtung durch Kaltreize herangezogen werden kann. Man könnte dies auch mit der These des „Regimen refrigerans als dosierter oxydativer Stress" umschreiben, wobei die daraus resultierenden Anpassungen den Körper in die Lage versetzen könnten, im Krankheitsfalle durch eine Stärkung antioxydativer Schutzmechanismen besser mit einer radikalischen Belastung fertig zu werden.

3.9 Zusammenfassende Übersicht: Physiologie des Winterschwimmens

Eine zusammenfassende Übersicht hinsichtlich der kurz- und langfristigen physiologischen Wirkungen des Winterschwimmens gibt nochmals Tabelle 10.

	akute Effekte	**Langzeiteffekte**
Wärmehaushalt	Abfall von Haut- und Kerntemperatur (konstitutionsabhängig)	Schnellere Wiedererwärmung der Akren trotz kalter Umgebung
Akrale Durchblutung	Deutliche Drosselung	Verbesserte akrale Durchblutung in Kälte
Blutdruck	Kurzzeitiger Anstieg	Evtl. Blutdruck - Normalisierung
Vegetatives Nervensystem	Abfall des Vagotonus, Anstieg des Sympathikotonus	Erhöhte vegetative Stabilität (Anstieg SP - Konzentration im Blut)
Immun- bzw. Resistenzsystem	Leukozytose, Abfall der Granulozytenaktivität (INT - Test); Elektrophorese, IG, IFN, C3, C4, IgA im Speichel unverändert	kein gesicherter Einfluß, auch nicht auf spezif. AK - Produktion
Radikalmetabolismus	Ausgeprägte, kurzzeitige radikalische Belastung	Stärkung antioxidativer Schutzsysteme durch Anpassung

Tab. 10: Physiologische Effekte des Eisbadens: Zusammenfassende Übersicht. Sofern Übertreibungen vermieden werden, läßt sich aus den bisherigen Befunden für gesunde Personen keine Gefährdung ableiten. Im Gegenteil – manche Befunde sprechen für eine Gesundheitsstabilisierung.

4 Nachweisbare gesundheitliche Auswirkungen regelmäßigen Winterschwimmens

4.1 Ergebnisse einer Umfrage (subjektives Befinden)

In der schon erwähnten Fragebogenaktion an nahezu 100 Eisbadern wurde auch nach den subjektiv empfundenen gesundheitlichen Folgen regelmäßigen Eisbadens gefragt. Die hier gewonnenen Ergebnisse zeigt die Abbildung 31.

Knapp 1/4 der Probanden gab an, keine Veränderungen zu verspüren. Demgegenüber gaben fast 40 % eine gesenkte Infektneigung als Folge des regelmäßigen Eisbadens an. Es folgen dann eine Steigerung des allgemeinen Wohlbefindens, weniger Frieren, eine Schmerzlinderung (bezieht sich auf Beschwerden von seiten des Bewegungsapparates), ein stabilerer Kreislauf und allgemein das Empfinden, weniger krank zu sein. In einem Fall wurde auch die Angabe gemacht, daß sich ein zuvor bestehendes Asthma gebessert habe. Dies stimmt im übrigen auch mit den Erfahrungen von Menger überein, der das Baden in der kalten Nordsee bei winterlichen Temperaturen als eine Kurtherapie des kindlichen Asthmas propagiert hat. Negative Auswirkungen wurden von keinem der 85 Befragten angegeben.

Derartige subjektive Angaben sind jedoch immer vorsichtig zu interpretieren, da hier auch vielfältige psychologische Einflüsse eine Rolle spielen. So wurde uns von einigen Eisbadern glaubwürdig berichtet, daß sie zwar durchaus den Eindruck haben, an grippalen Infekten zu erkranken, diese jedoch wesentlich leichter und kürzer verlaufen. Außerdem wurde die ehrliche Auskunft gegeben, daß sich die Eisbader im Falle einer Erkrankung kaum zu einem Arztbesuch entschließen können, da sie mitunter die Befürchtung haben, daß die Mitmenschen den Sinn der Abhärtungsmaßnahme dann infrage stellen würden.

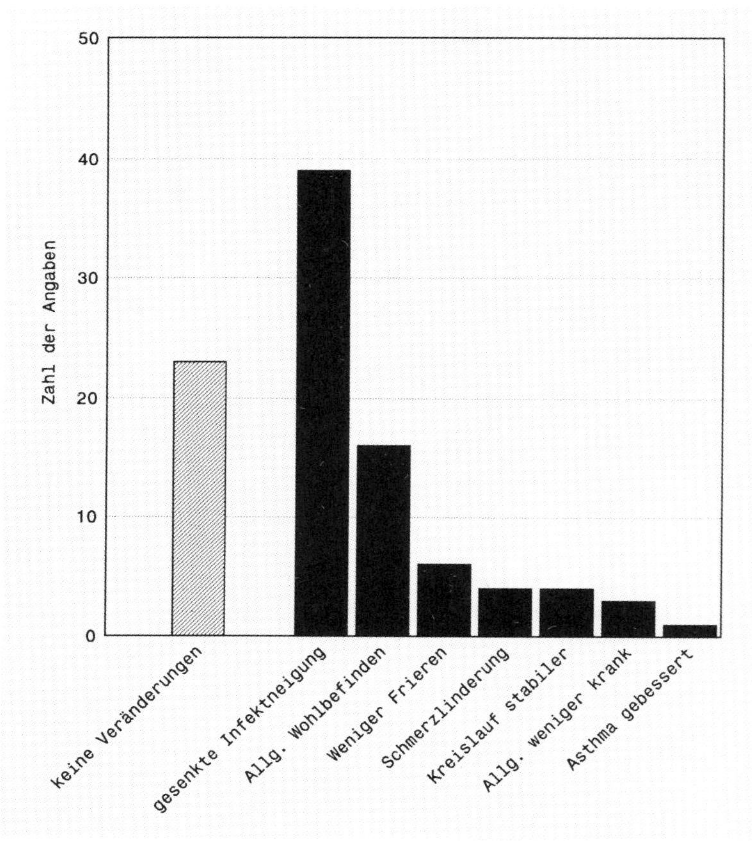

Abb. 31: Subjektiv empfundene gesundheitliche Folgen regelmäßigen Eisbadens.

4.2 Objektive Erkenntnisse

Hinsichtlich der Häufigkeit grippaler Infekte haben wir versucht, die subjektiven Angaben der Patienten anhand der Häufigkeit von Arztkonsultationen zu untermauern. Wir haben daher die Arztunterlagen von 8 Eisbadern retrospektiv ausgewertet. Hierbei handelt es sich um Eisbader aus Lubmin, die aufgrund des kleinen Ortes stets dieselbe Gesundheitseinrichtung aufsuchten, so daß man die Erfassung als vollständig ansehen kann. Die Abbildung 32 zeigt die hier gewonnenen Erkenntnisse. Hierbei wurde die durchschnittliche Häufigkeit der Arztkonsultationen pro Jahr wegen grippaler Infekte ermittelt (jeweils über 2 Jahre Mittelwert). Der in der Abbildung erkennbare abnehmende Trend läßt sich auch statistisch sichern, so daß hier die subjektiven Angaben der Patienten hinsichtlich einer gesenkten Infektneigung eine gewisse Bestätigung erfahren.

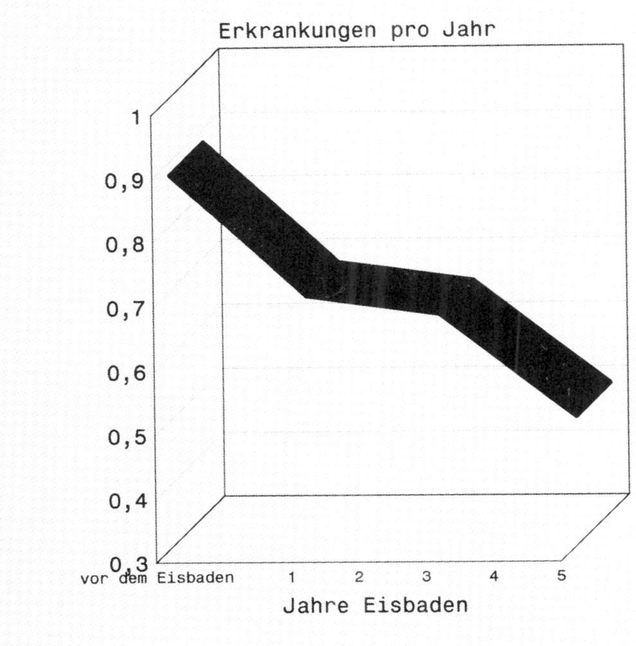

Abb. 32: Abnahme der Häufigkeit grippaler Infekte.

5. Können Winterschwimmen oder Kälte krank machen?

Seit über 15 Jahren hat der Autor dieser Schrift das Winterbaden regelmäßig verfolgt. In dieser Zeit sind ihm keinerlei ernsthafte Gesundheitsstörungen bekannt geworden, die auf das Eisbaden zurückzuführen waren. Man überschätzt also sicher bei weitem die Risiken, die mit dem Sport verbunden sind, wenngleich man vor Übertreibungen warnen sollte. Auch kann man nur immer wieder darauf hinweisen, daß die ungeschriebenen Regeln dieses Sportes (z. B. „bade nie alleine", „Baden nur nach Lust und Verträglichkeit", „kein Leistungsdruck") unbedingt eingehalten werden sollten.

Nicht unterschätzt sollte auch das einfache Unfallrisiko werden. Dazu gehören z. B. Schnittverletzungen am Eis und kleinere Erfrierungen durch Stehenbleiben mit bloßen Füßen auf der Eisfläche. Am Meer kommt noch eine spezifische Gefahr hinzu: Die Auswirkung der Gezeiten. Hat man bei zugefrorener Wasserfläche ein Loch in das Eis gehackt, so kann die Wassertiefe dort erheblich variieren. Dort, wo man gestern noch stehen konnte, ist das Wasser auf einmal über 2 Meter tief, was sehr gefährlich werden kann. Hier wird jedem klar, wie wichtig es ist, nie alleine zu baden. Auch bei Zwischenfällen gesundheitlicher Art ist es gut, nicht alleine zu sein.

Auch sollte man nie jemanden überreden, am Baden teilzunehmen. Der Autor hat einen Vater beobachtet, der seinen 5jährigen Jungen unbedingt abhärten wollte, obwohl sich das Kind wehrte und aus Leibeskräften schrie. Der Junge wurde dann von seinem Vater mit Gewalt in das Eiswasser getaucht. Später war zu erfahren, daß das Kind danach an einer schweren Mittelohrentzündung erkrankte. Eisbaden entgegen der eigenen Motivation kann mit Sicherheit zu Schäden führen. Zum Glück blieb diese Beobachtung eine Ausnahme.

Ansonsten wird die Bedeutung von Kälte für die Entstehung eines grippalen Infektes bzw. einer Grippe sicherlich überschätzt. Sowohl beim grippalen Infekt als auch bei der schwerer verlaufenden Grippe handelt es sich ja um eine Virusinfektion. Nun ist bekannt, daß diese Erkrankungen in der kalten Jahreszeit häufiger auftreten als im Sommer. Dies hat die allgemeine Meinung gefestigt, daß man sich bei kaltem Wetter rascher „erkältet" als bei warmem Wetter. Bewiesen ist daran jedoch wenig. Man kann davon ausgehen, daß das Wetter direkt nur einen geringen Einfluß darauf hat, ob man an einem grippalen Infekt erkrankt (Übersicht bei Inlander und Moran, 1995). Indirekt disponiert kaltes Wetter jedoch deutlich für Schnupfen und Grippeerkrankungen, weil die Menschen sich bei diesen Temperaturen mehr in beheizten und trockenen Räumen aufhalten, wo sich die durch Tröpfcheninfektion übertragenen Grippeviren schneller ausbreiten.

Eine andere weit verbreitete Meinung ist, daß kalte Hände und Füße leicht zu einer Erkältung führen. Hierfür gibt es zwar eine ganze Reihe von Indizien – und auch wir wollen eine verbesserte Infektabwehr im Zusammenhang mit einer besseren Durchblutungsregulation an den Akren und dem Nasen-Rachen-Raum interpretieren –, aber es gibt auch Untersuchungen, die diese These nicht stützen. So wird häufig Andrewes zitiert, der bereits vor vielen Jahren Probanden in zugigen Hallen herumlaufen und kalte Fußbäder nehmen ließ (Übersicht bei Inlander und Moran 1995). Hier hat er keinerlei krankmachende Wirkung festgestellt. Man muß schon mit einem Virus in Kontakt kommen, um an einem grippalen Infekt zu erkranken. In diesem Fall erscheint es dann jedoch von Vorteil, wenn Hände und Füße und reflektorisch damit auch der Nasen-Rachen-Raum gut durchblutet sind. Die Wahrscheinlichkeit, sich zu infizieren, kann dann möglicherweise herabgesetzt werden.

Erdl und Schnizer berichteten 1986 über Veränderungen zur Durchblutung der Nasenschleimhaut im Zusammenhang mit Kaltanwendungen an den unteren Extremitäten (Untersuchungsmethode Laser-Doppler-Technik). Während eines Unterschenkelbades von 15° C für 3 Minuten kam es zu einem deutlichen Absinken der Durchblutung an der Nasenschleimhaut. Vor einer Bestätigung dieser Befunde durch andere Untersucher sollte man ihnen im Zusammenhang mit den bisherigen Befunden zunächst nur soviel entnehmen, daß die Temperatur an den Akren und die Durchblutung im Bereich der Schleimhaut des Nasen-Rachen-Raumes offenbar nicht unmittelbar zusammenhängen und kein Einzelergebnis zu weitgehend interpretiert werden sollte.

Ähnliches, was für die Akren zutrifft, trifft auch auf den Kopf zu. Sehr verbreitet ist die Meinung, daß man im Winter eine Mütze tragen sollte, um nicht an einer Grippe zu erkranken. Es ist eine unumstrittene Tatsache, daß bei kaltem Wetter ein Großteil der Körperwärme über den unbedeckten Kopf verlorengeht. Ist man nun schon erkrankt, so kann dem Organismus viel Energie entzogen werden, wenn man friert und zusätzliche Wärme zum Aufwärmen produzieren muß. Dennoch ist es durch nichts bewiesen, daß der gesunde, nicht infizierte Mensch leichter an einer Grippe erkrankt, wenn der Kopf nicht warm gehalten wird.

Auch extremere Formen der Kälte scheinen nicht in jedem Fall mit einer erhöhten Rate an grippalen Infekten einherzugehen. So war es schon im Krieg eine Beobachtung, daß die Soldaten trotz klirrender Kälte nicht häufiger an Grippe erkrankten. In diesem Zusammenhang muß auch ein über 50 Jahre altes Experiment erwähnt werden, das in England durchgeführt wurde (zitiert bei Inlander und Moran 1995). Man hat freiwillige Probanden bis auf die Haut durchnäßt und sie kalter Zugluft ausgesetzt. Diesen Probanden ging es danach nicht schlechter als anderen, die die gleiche Zeit in warmer und trockener Umgebung verbracht haben. Dieses Experiment wurde mehrfach wiederholt. Dennoch sollte man die Ergebnisse nicht zu leichtfertig verallgemeinern. Es konnte nämlich auch im Tierversuch (Dick, zitiert bei Inlander und Moran) gezeigt werden, daß unterkühlte Tiere leichter an einer Lungenentzündung erkranken.

Speziell dem Problem der sog. „Zugluft" müssen noch einige Gedanken gewidmet werden. Die bisherigen Ausführungen scheinen im Einklang mit den eigenen Beobachtungen an den Eisbadern zu stehen, daß intensive Kaltreize keine krankmachenden Wirkungen besitzen. Im Gegenteil: Wendet man sie richtig an, so stellen sie eine wichtige Vorbeugungsmaßnahme dar. Bei intensiven Reizen handelt es sich aber immer um Reize, die die Thermoregulation auch stark beanspruchen und Regulationsvorgänge im Organismus nach sich ziehen. Bei der sog. Zugluft hat man es dagegen mit einem relativ milden Kaltreiz zu tun, der von seiner Intensität her nicht ausreicht, um eine Regulation zu veranlassen. Zugluft führt also zu lokalen oder auch generalisierten Auskühlungen und damit möglicherweise auch einer gesenkten Infektabwehr. Auskühlung bzw. Unterkühlung ist ja auch nicht Ziel des Eisbadens, sondern hier steht der intensive Reiz auf die Haut und den Organismus ganz im Vordergrund.

Zusammenfassend kann man also davon ausgehen, daß Kälte an sich keinen krankmachenden Einfluß auf den menschlichen Organismus hat. Speziell für die Grippe oder die grippalen Infekte ist eine Infektion mit Viren unerläßlich. Im Einzelfall – speziell bei milderen Kaltreizen, die keine intensivere thermoregulatorische Umstellung hervorrufen, kann jedoch das Angehen einer Grippeinfektion

Eisbaden im Berliner Wannsee.
Foto: Ullstein – Harry Hempel

begünstigt werden. Eine gewisse Vorsicht – was z. B. die Kopfbedeckung oder auch das Warmhalten von Händen und Füßen betrifft – kann daher sicher nicht schaden.

Wegen der weit verbreiteten Meinung, Kälte könne einen Harnwegsinfekt auslösen, soll noch kurz auf dieses Problem eingegangen werden. Wir fanden bei systematischen Untersuchungen weder im Akutversuch noch langfristig Hinweise für das Auftreten pathologischer Urinbefunde bzw. eine Beeinflussung der Nierenfunktion. Dagegen beschrieben Zeman und Mitarbeiter (1987) nach bis zu 20minütigem Schwimmen im Eiswasser (!) eine signifikante Proteinurie (Eiweißausscheidung im Urin) sowie eine vermehrte Ausscheidung von Blutzellen (Erythrozyten, Leukozyten und granulierte Zylinder), was jedoch auch nach Schwimmen im warmen Wasser beobachtet werden konnte. Die Autoren vertreten daher ebenfalls den Standpunkt, daß das Winterschwimmen auch aus nephrologischer Sicht harmlos sei, da die Nierenfunktion langfristig nicht beeinträchtigt wird und die Veränderungen im Urinbefund Folge einer körperlichen Anstrengung schlechthin sind, die jedoch keine bleibenden Schäden hervorruft. Dennoch sollte man bei bekannten Nierenerkrankungen zur Zurückhaltung raten.

5.1 Gefahren durch eine mögliche Unterkühlung

Zweifellos stellt das Winterbaden einen massiven Kaltreiz dar, wobei die Übergänge zur Unterkühlung fließend sind. Es erscheint daher sinnvoll, sich zu vergegenwärtigen, welche Phasen der Unterkühlung den Folgen des Winterbadens entsprechen. Killian (1966) beschreibt in seiner Übersicht zum Kälteunfall ausführlich *6 Unterkühlungsphasen*:

1. Phase:
Beanspruchung der chemischen Wärmeproduktion und Drosselung der physikalischen Wärmeabgabe. Aufrechterhaltung der Körperkerntemperatur. Sicher unschädlich.

2. Phase:
Beginnende Unterkühlung. Bildung von Zusatzwärme, Kältezittern, Senkung der Kerntemperatur um 1 bis 2°, Zentralisierung des Kreis-

laufs, biochemische Veränderungen und Neigung zu Ödembildung. Noch reversibel.

3. Phase:
Übergang zur Dekompensation des Wärmehaushaltes, Erschöpfung von Stoffwechselreserven. Erhöhung der Blutviskosität, Kerntemperatur unter 33° C. Nicht immer reversibel.

4. Phase:
Herzrhythmusstörungen, Versagen von Organfunktionen, allgemeine Ödembildung, Kerntemperatur unter 30° C, akute Lebensgefahr.

5. Phase:
Vita minima (Scheintot). Sonderform bei allmählicher Auskühlung und Hemmung der Kälteabwehr.

6. Phase:
Nachkühlungsphänomen nach Bergung bzw. Erholung. Stupor. Spätschäden und Spättodesfälle möglich.

Beim Winterbaden kommt es zur Auslösung der erwünschten Anpassungserscheinungen vor allem auf den Reiz, weniger auf die Auskühlung an. Die Tatsache, daß keine klinisch relevanten EKG-Veränderungen im Zusammenhang mit dem Eisbaden gefunden werden konnten, spricht ebenfalls gegen eine ausgeprägtere Hypothermie des Körperkerns. Für deutlichere Hypothermien soll nach Übersichten von Parsi (1983) sowie Purdue und Hunt (1986) im EKG das Auftreten einer sog. J- oder Osborn-Welle unmittelbar im Anschluß an den QRS-Komplex sein, was bei den Winterschwimmern nicht beobachtet werden konnte. Der Abfall der Sublingualtemperatur und das Kältezittern zeigen jedoch, daß man sich bereits am Anfang der Phase 2 der Unterkühlung nach Killian befindet, wo bei weiterem Abfall der Kerntemperatur Schäden nicht immer sicher auszuschließen sind. Auch dies spricht dafür, vor Übertreibungen zu warnen.

Außerdem spielt für den Grad der Unterkühlung die thermische Ausgangssitutation eine Rolle. Entscheidend sind dafür die äußeren Bedingungen, wie Lufttemperatur und Windverhältnisse, sowie das Vorhandensein oder Fehlen einer beheizten Umkleidekabine. Hinzu kommen die Art und Dauer des „Erwärmungssportes“ vor dem Eisbad. Die gängige Praxis, daß jeder solange badet, wie es ihm an-

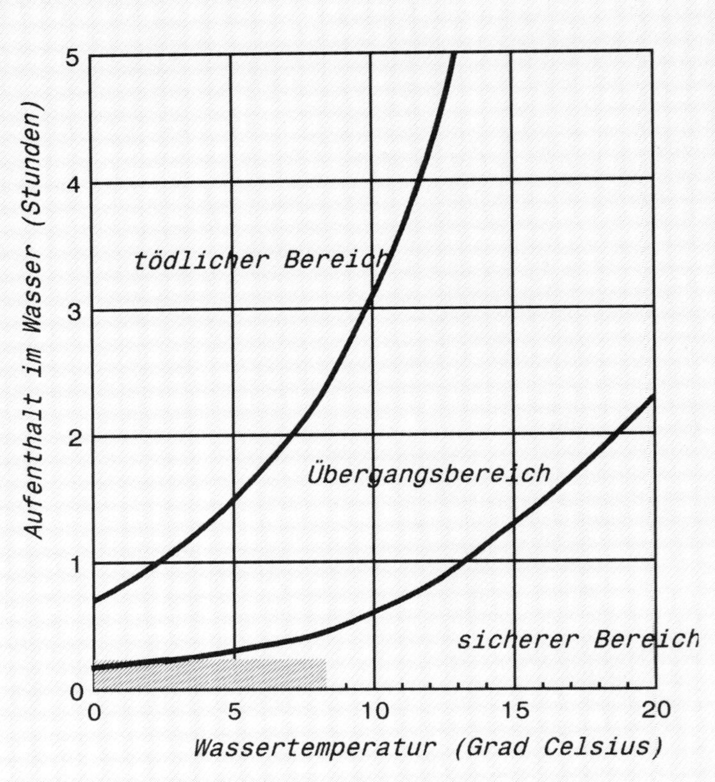

Abb. 33: Überlebenszeiten im kalten Wasser (Erfahrungen an Schiffbrüchigen).

genehm ist, erscheint als praktikabelstes Verfahren. Am Anfang sowie von schlanken Personen, Frauen, Kindern, sowie älteren Sportlern sollten kürzere Zeiten gewählt werden. Unter Berücksichtigung der Erfahrung an Schiffbrüchigen (E. Peter 1979) wird eine Aufenthaltsdauer im Eiswasser, die 5 min nicht wesentlich überschreitet, auch für den gewohnten und adipösen männlichen Probanden für die Obergrenze des Zumutbaren und noch ungefährlich gehalten (siehe Abb. 33).

Auf die hier dargestellte Prozedur der Abkühlung sollte man verzichten, da ein plötzlicher Kaltreiz im Gesicht nicht unbedenklich ist . Foto: Reuters

Alles in allem stellt das Winterschwimmen eine zwar extreme, bei vernünftigem Verhalten aber relativ ungefährliche Sportart mit deutlichem gesundheitlichem Nutzen dar.

5.2 Kontraindikationen für das Winterschwimmen

Wenngleich immer wieder betont wurde, daß das Winterschwimmen für die meisten Personen bei regelrechtem Ablauf mit keinerlei Gefahren verbunden ist, so sollte man doch bei folgenden Erkrankungen Vorsicht walten lassen:

a) Arterieller Hypertonus (Bluthochdruck) zumindest ab Stadium II nach WHO
b) Zerebralsklerose bzw. allgemeine Arteriosklerose
c) Angioorgano- und Angioneuropathien (dazu gehören z. B. die „Schaufensterkrankheit" – also das Raucherbein – und auch der sog. Morbus Raynaud)
d) Schwerere oder akut aufgetretene Herzrhythmusstörungen
e) Kälteurtikaria (juckende Quaddeln an der Haut, die unter Kälte auftreten)
f) Chronische Organerkrankungen (z. B. Nierenerkrankungen)
g) Akute fieberhafte Infekte bzw. akute Erkrankungen ganz allgemein

6 Sauna als Abhärtungsmittel

Was macht ein Winterschwimmer außerhalb der Saison bzw. zusätzlich zu seinem Lieblingssport zur Abhärtung? Er könnte z. B. in die Sauna gehen. In Deutschland wird der gesundheitsfördernde und auch therapeutisch nutzbare Effekt der Sauna vielfach unterschätzt. Das zeigen auch die Ergebnisse einer Umfrage, die Fritzsche 1986 vorgelegt hat. Von 10 000 befragten Saunagängern (Mehrfachnennungen waren möglich) gaben als Motiv für den Saunabesuch an: Entspannung und Erholung 71 %, Abhärtung 62 %, Fitsein und Leistungssteigerung 41 %, Hautpflege, besseres Aussehen 32 %, Körperreinigung 28 %, Schmerzlinderung, Heilung 16 %, sportliches Konditionstraining 14 %. Nur Badespaß, Geselligkeit 13 %, Schlank werden (Schlank bleiben) 12 %. Immerhin steht hier allerdings der Abhärtungsgedanke schon an 2. Stelle.

Dies belegen auch die subjektiven gesundheitlichen Folgen, die von Saunagängern angegeben werden (Hartmann 1976, Fritzsche 1979, 1986, Schaffranek 1968):

- 27 % der regelmäßigen Saunabesucher gaben an, „völlig frei“, 56 % „fast frei“ von Infekten zu sein.
- 92 % der Patienten bemerkten eine Verbesserung von Beschwerden am Bewegungsapparat (diese bestanden bei 23 % der befragten Saunagänger).
- Bei der „asiatischen Grippe“ 1957 erkrankten nur 5 % der Saunabesucher, aber 16 – 47 % der übrigen Beschäftigten unterschiedlicher Betriebe.
- Ganz allgemein wird immer wieder geschrieben, daß die Häufigkeit und Arbeitsunfähigkeitsdauer bei grippalen Infekten reduziert sind.

Auch Kinder können übrigens mit Erfolg die Sauna benutzen. Eine Altersgrenze gibt es eigentlich nicht – sie sollten aber aus dem „Windelalter“ heraus sein.

6.1 Wirkfaktoren beim Saunabad

Der wichtigste Wirkfaktor beim Saunabaden ist der thermische Reiz. Dabei erfolgt die Wärmeaufnahme über Strahlung, Wärmeleitung und Wärmetransport. Das Saunaklima ist bei der von uns favorisierten Saunaanwendung – der finnischen Sauna – relativ trocken. Die Temperatur beträgt unter der Decke 90–120° Celsius, am Boden dagegen nur ca. 40°. Für ein gutes Saunaklima ist die Strahlungstemperatur der Wände sowie von Decke, Boden und Sitzflächen von entscheidender Bedeutung. Diese ist nicht mit der Lufttemperatur identisch. Zur Erreichung einer ausreichenden Strahlungstemperatur muß eine Sauna „reif" sein, d. h. ausreichend lange vor dem ersten Betreten angeschaltet sein.

Das eigentliche Saunabaden stellt einen thermischen Wechselreiz dar, d. h., die Abkühlungsmaßnahmen nach jedem Saunagang sind essentiell.

Zusätzliche Wirkfaktoren treten in ihrer Bedeutung zurück – so ein leicht verminderter Sauerstoffpartialdruck der Atemluft und eine möglicherweise andersartige Luftionenkonzentration.

Über die Bedeutung des Aufgusses ist viel gestritten worden – aus medizinischer Sicht ist er entbehrlich.

Andere Formen der Schwitzbäder – so z. B. die moderne „Biosauna" – müssen ihre medizinische Wirksamkeit erst noch unter Beweis stellen oder aber sie sind wegen einer höheren Kreislaufbelastung (Dampfbäder – behindertes Schwitzen) nur für den absolut Gesunden zu empfehlen.

6.2 Physiologische Effekte des Saunabadens

Die wichtigsten Effekte des Saunabadens resultieren aus den thermischen Belastungen des Organismus. Je nach Ausgangstemperatur steigt die Hauttemperatur um 5° und mehr an. Die Körperkerntemperatur erhöht sich dagegen nur gering – man kann von einer Größenordnung von etwa 1 –1,2° ausgehen.

Die große Wirksamkeit von thermischen Reizen auf den menschlichen Organismus resultiert aus der Tatsache, daß es sich bei der Thermoregulation um ein phylogenetisch sehr altes System handelt, das bsw. auch über die Herz-Kreislaufregulation dominiert. Eher versagt das Kreislaufsystem als die Thermoregulation (z. B. Hitzekollaps).

Falsch ist es auf jeden Fall, die Sauna als „künstliches Fieber" zu bezeichnen. Der Unterschied ist darin zu sehen, daß es sich beim Fieber um eine Verstellung des „Sollwertes" der Körperkerntemperatur handelt und der Organismus bestrebt ist, durch Regulation und Wärmeproduktion diese höhere Kerntemperatur zu erreichen. Bei

Auch die Sauna ist ein probates Mittel zur Abhärtung. Man sollte immer bedenken, daß es sich bei der Sauna um einen thermischen Wechselreiz mit zwischengeschalteten Kaltreizen handelt.

der Sauna handelt es sich dagegen um eine von außen aufgezwungene Erhöhung der Kerntemperatur, und der Körper ist bestrebt, diese Wärme so rasch wie möglich wieder abzugeben.

Wesentlich beim Saunabaden ist eine Ausdehnung des sog. Körperkerns. Direkt erwärmt werden nur die oberflächlichsten Schichten der Haut. Allerdings kommt es dennoch zu einem deutlichen und drastischen Anstieg der Temperatur auch tieferer Schichten in der Peripherie (z. B. den Händen und den Füßen). Dies kann man folgendermaßen erklären:

Obwohl der Mensch ein gleichwarmes Lebewesen ist, trifft dies eigentlich nur auf den Körperkern (also die Temperatur im Rumpf und im Kopf) zu. Die sog. Körperschale (die Haut sowie große Teile der Extremitäten) sind dagegen wechselwarm und werden je nach Erfordernissen der Thermoregulation unterschiedlich stark durchblutet und erwärmt. Unter Saunabedingungen ist der Organismus bestrebt, die Wärme vermehrt abzugeben (z. B. durch Schwitzen). Die Körperschale wird demnach besser durchblutet – das 37° warme Blut durchströmt Arme, Beine und die Haut. Der Körperkern dehnt sich gewissermaßen bis unter die Haut der Extremitäten aus. Hier ist der thermische Haupteffekt der Sauna zu sehen – man kann gegenüber normalen Umgebungstemperaturen, z. B. auch an den Hand- und Fußgelenken, von einer Temperatursteigerung von bis zu 10° ausgehen. Derartige Erwärmungen lassen sich durch örtliche Maßnahmen der physikalischen Therapie (z. B. Kurzwelle oder auch Fango) kaum erzielen.

Eng verbunden mit der Thermoregulation ist das Schwitzen. Man kann mit einem Schweißverlust von 500 bis 800 g bei einer üblichen Saunaanwendung rechnen. Dieser Schweißverlust wird oftmals verwechselt mit einer Gewichtsabnahme – zum Schlankwerden ist die Sauna nicht geeignet. Das Schwitzen wird aber durch die Sauna deutlich trainiert. Bereits innerhalb weniger Wochen kann die Schweißmenge um 50 % und mehr zunehmen. Dies betrifft aber nur den Schweiß, der im Dienste der Thermoregulation abgegeben wird. Das Schwitzen durch ein überreiztes vegetatives Nervensystem (z. B. im Gesicht oder an den Händen) wird dagegen vermindert.

Ein Ausdruck langfristiger thermoregulatorischer Umstellungen beim regelmäßigen Saunabaden ist auch darin zu sehen, daß es zu einem Anstieg der Hauttemperatur und zu einem Abfall der Körperkerntemperatur kommt.

Verbunden mit der thermischen Belastung der Sauna ist eine Belastung des Herz-Kreislaufsystems. Das Herz-Kreislaufsystem fungiert als Stellglied der Thermoregulation. So steigt der Pulsschlag in der Sauna parallell zur Aufenthaltsdauer deutlich an – kritische Werte werden jedoch bei üblichem Gebrauch der Sauna, der 15 min. nicht überschreiten sollte, nicht erreicht. Meist beträgt der Puls am Ende des Saunaaufenthaltes 110 bis 120 Schläge in der Minute und bildet sich in der nachfolgenden Abkühlungsphase rasch zurück. Der Blutdruck zeigt dagegen kaum Veränderungen – mit Ausnahme beim Hypertoniker. Hier kommt es bei bestimmten Maßnahmen der Abkühlung (insbesondere der Benutzung des Tauchbeckens) zu einem deutlichen Anstieg des Blutdrucks, weshalb das Tauchbecken für den Hypertoniker kontraindiziert ist. Allgemein wird die Herz-Kreislaufbelastung durch die Sauna bei weitem überschätzt. Man kann davon ausgehen, daß sie bei normalem Gebrauch 50 – 75 Watt beträgt. Dies schafft in der Regel auch ein Herzpatient, weshalb in vielen Fällen auch hier die Sauna mit Erfolg angewendet werden kann.

An Haut und Muskulatur der Extremitäten läßt sich unmittelbar durch ein Saunabad eine Durchblutungssteigerung nachweisen. In der Abkühlungsphase nach der Sauna bildet sich die Durchblutungssteigerung der Haut deutlich langsamer zurück als die der Muskulatur.

Eine der Ursachen für die Umstellung des Herz- Kreislaufsystems ist im vegetativen Nervensystem zu suchen. Man kann davon ausgehen, daß der antreibende Herznerv (der Sympathikus) durch regelmäßigen Saunabesuch deutlich in seiner Wirkung abgeschwächt wird. Außerdem wird der Vagus – der bremsende Herznerv – gestärkt, sofern er durch eine Herzerkrankung vorher geschwächt war. Derartige vegetative Umstellung durch regelmäßigen Saunabesuch sind erwünscht, und man kann sie bewußt therapeutisch ausnutzen. Eine der Voraussetzungen dafür bildet allerdings die Nachruhephase nach der Sauna. Hier schaltet der Körper gewissermaßen auf „Schongang" um. Will man also einen Saunaeffekt optimal nutzen, so sollte eine 20–30 minütige Nachruhephase nach der Sauna eingehalten werden.

Wichtiger noch als die Akuteffekte der Sauna sind langfristige Anpassungserscheinungen. Conradi und Mitarbeiter sowie Winterfeld konnten zeigen, daß es sowohl bei Herzgesunden als auch bei Herzkranken im Laufe der Zeit zu einer deutlichen Senkung des Pulses und vor allem auch des Blutdrucks kommt. Diese Effekte treten schon nach relativ kurzer Zeit (2–3 Wochen) ein. Die Blutdrucksenkung ist nach Winterfeld auf eine Steigerung des mittleren funktionellen Gefäßquerschnittes an den Extremitäten zurückzuführen. Nach 3 Monaten regelmäßigem Saunabesuch erhöht sich der mittlere Gefäßquerschnitt um 22 %, nach 3 Jahren um weitere 10 % und nach 5 Jahren um insgesamt 40 % gegenüber dem Zustand vor Saunabesuch. Somit kann die Sauna zumindest bei milden Formen des Bluthochdruckes sehr sinnvoll als Therapie eingesetzt werden. Die Ökonomisierung der Herzarbeit (langsamerer Pulsschlag) legt den therapeutischen Einsatz der Sauna auch bei einer Angina pectoris sowie einem Zustand nach Herzinfarkt (frühestens nach 3 Monaten) nahe. Auch die arterielle Verschlußkrankheit bildet in ihren Frühstadien eine günstige Indikation für den Einsatz der Sauna.

Einer besonderen Erwähnung bedarf die Hypotonie – die Neigung zum zu niedrigen Blutdruck. Es mag zunächst paradox erscheinen, aber auch die Hypotonie ist eine sinnvolle Indikation für den Einsatz der Sauna. Hier sollten jedoch die Abkühlungsreize (z. B. durch das Tauchbecken) betont werden. Man kann davon ausgehen, daß es zu einem allgemeinen Normalisierungseffekt des Blutdruckes durch die Sauna kommt – zu hohe Werte sinken ab, zu niedrige Werte steigen an.

Nicht alle Herzpatienten sollten jedoch die Sauna benutzen. Dazu gehören insbesondere solche mit akut aufgetretenen Herzerkrankungen wie z. B. Rhythmusstörungen oder eine akute Herzinsuffizienz als auch Patienten mit einem Herzklappenersatz (hier sind Ausnahmen möglich). Auch eine höhergradige Herzinsuffizienz oder Herzmuskelentzündungen stellen eine Gegenanzeige für die Sauna dar.

Die bessere Durchblutung der Haut läßt sich auch mit Hilfe des schon beim Eisbaden beschriebenen akralen Wiedererwärmungsversuchs nachweisen. Hier kühlt man einen Zeigefinger in Eisschmelzwasser ab und mißt die Wiedererwärmungsreaktion. Saunagewöhnte Probanden erwärmen sich deutlich schneller wieder als ungewohnte. Dies dürfte ein Haupteffekt der Abhärtung auch bei der Sauna sein, denn die Hautdurchblutung an den Akren (besonders den Fingern) steht ja in dem schon beschriebenen engen reflektorischen Zusammenhang zu der Durchblutung im Nasen- und Rachen-Raum. Im Gegensatz zum Winterschwimmen ist die Durchblutungsregulation an den Akren nach regelmäßigem Saunabesuch nicht auf kalte Umgebungstemperaturen beschränkt. Die Effekte sind auch an Kindern statistisch einwandfrei nachgewiesen worden (z. B. Eisermann). An Schulkindern konnte man zeigen, daß sich die

Schulfehltage durch regelmäßigen Saunabesuch praktisch halbieren, betrachtet man die Ausfalltage durch Infekte, so sinken diese zeitweise auf „0" ab.

Am Immun- bzw. Resistenzsystem lassen sich deutliche Veränderungen nachweisen. So kann man bsw. durch die Sauna einen geringfügigen Anstieg der weißen Blutkörperchen nachweisen. Dieser Anstieg ist jedoch auch hier unspezifisch und sollte nicht überbewertet werden. Interessanter waren da schon die Untersuchungen von Gastl und Mitarbeitern, die eine deutlich erhöhte Zahl der sog. natürlichen Killerzellen bei Saunagängern fanden. Außerdem war deren Stimulierbarkeit deutlich erhöht. Andererseits konnten wir selber nachweisen, daß eine andere Teilfunktion der Abwehr (nämlich die Funktion der Granulozyten) durch die Sauna für mindestens 2 Tage deutlich supprimiert wird. Dies trifft insbesondere auf saunaungewohnte Probanden zu. Man kann daraus ableiten, daß unterschiedliche Teilfunktionen des Immunsystems auch unterschiedlich auf die Sauna reagieren. Da wir im Einzelfall nicht immer genau wissen, welche Teilfunktion – z. B. bei einem fieberhaften Infekt – genau benötigt wird, sollte man mit einem beginnenden grippalen Infekt nicht die Sauna benutzen, da der Zustand deutlich verschlechtert werden kann.

Weitere immunologische Untersuchungen ergaben Hinweise für eine unspezifische Aktivierung des Komplementsystems sowie einen Anstieg des Immunglobulins A im Speichel unmittelbar nach der Sauna. Noch interessanter war ein Befund, der das Verhalten des Interferons im Blutplasma beschrieb. Hier fanden wir eine drastische Erhöhung des Interferontiters bei langjährigen, regelmäßigen Saunabesuchen. Diese Probanden hatten auch während der Sommermonate die Sauna wenigstens 1 x in der Woche aufgesucht. Sporadischer Saunabesuch oder kurzfristiger intensiver Saunabesuch über 4 Wochen führt dagegen zu keiner Veränderung. Will man also Veränderungen am Immunsystem erzielen, so muß man wesentlich längere Zeiträume einkalkulieren als am Herz- und Kreislaufsystem. Außerdem demonstrieren die Ergebnisse in eindrücklicher Form, daß es auf die Regelmäßigkeit des Saunabesuches ankommt. Man darf nicht vergessen, daß es sich bei der Sauna um einen thermischen Wechselreiz handelt. Das Argument, daß man ja im Sommer sowieso genug schwitzt und demzufolge die Sauna nicht zu benutzen braucht, ist daher nicht stichhaltig.

Ein weiteres wichtiges Organsystem, auf das die Sauna eine wesentliche Wirkung ausübt, ist der Bewegungsapparat. Viele Bänder und Gelenkstrukturen sind in der Wärme deutlich dehnbarer als in der Kälte. Der Grund dafür ist in der schon zitierten Ausweitung des Körperkernes und auch in der direkten Wärmeeinwirkung von außen zu sehen. Man kann nachweisen, daß auch die Wirbelsäule nach einem Saunabesuch deutlich beweglicher ist als zuvor. Außerdem wird durch die Sauna ein schmerzstillender und muskelentspannender Effekt ausgeübt, so daß alle Faktoren zusammen den Einsatz der Sauna bei degenerativen Erkrankungen des Bewegungsapparates nahelegen.

Aber auch entzündliche rheumatische Erkrankungen bilden eine gute Indikation für die Sauna, sofern es sich nicht um ein akut entzündliches Stadium mit Hitze und Schwellung der Gelenke handelt.

Auch die Atemfunktion wird durch die Sauna günstig beeinflußt. Krauss konnte bereits vor vielen Jahren nachweisen, daß der Atemgrenzwert (auf die maximale Atemleistung) nach einem Saunabesuch und auch innerhalb einer Serie deutlich ansteigt. Auch Patienten mit einem Asthma bronchiale profitieren vom regelmäßigen Saunabesuch. Dies hängt sowohl mit einer gesteigerten Infektabwehr als auch mit einer endogenen Cortisolstimulierung zusammen, die die Bronchien weitstellt. Das Immunglobulin A im Bronchialsekret steigt nach Saunabesuch an, die Reinigungsfunktion des Flimmerepithels wird angeregt.

Letztendlich wird auch die Stimmung durch die Freisetzung sog. Endorphine günstig beeinflußt. Dies ist ein Grund, um zumindest bei milden Depressionen den Einsatz der Sauna zu empfehlen.

Man kann noch eine Reihe weiterer Veränderungen z. B. am endokrinen System beobachten, die jedoch für die Praxis weniger relevant erscheinen.

6.3 Medizinischer Einsatz der Sauna

Aus dem Gesagten kann man ableiten, daß eine Saunaempfehlung bei folgenden Erkrankungen ausgesprochen werden kann:

- Infektneigung einschließlich chronischer Bronchitis, Asthma bronchiale
- Arthrosen sowie degenerative Wirbelsäulenerkrankungen
- Entzündliche rheumatische Erkrankungen mit Ausnahme des akuten Schubes
- Weichteilrheumatismus

- Bluthochdruck, sofern dieser nicht extrem ausgeprägt ist
- Hypotonie/Arterielle Verschlußkrankheit in den Stadien I und II
- Bei der koronaren Herzkrankheit muß man von der individuellen Leistungsfähigkeit ausgehen. Liegt die Dauerleistungsgrenze deutlich über 75 Watt, so kann der Herzpatient von der Benutzung der Sauna deutlich profitieren.
- chronische Entzündung der weiblichen Unterleibsorgane
- Prostataadenom
- Wechseljahresbeschwerden
- Neigung zu leichteren Depressionen
- Der Patient mit Schuppenflechte profitiert insbesondere durch eine gesenkte Infektanfälligkeit von der Sauna.
- Bei der Neurodermitis ist die individuelle Verträglichkeit sehr verschieden.

Als adjuvante Maßnahme kann die Sauna bei der Adipositas und beim Rauchen empfohlen werden. Als alleinige Maßnahme ist der Saunaeinsatz hier natürlich sinnlos. In gewissem Maße können auch Patienten mit Folgezuständen nach Schlaganfall von der Sauna profitieren (verminderte Spastik). Auch der Glaukompatient sowie der Patient mit einem otogenen Schwindel kann mit Erfolg die Sauna benutzen.

Gegenanzeigen zur Sauna sind die schon genannten akuten Herzerkrankungen. Bei einer ausgeprägten Varikosis (Krampfadern) muß man individuell entscheiden. Benutzt man z. B. feuchte Kompressen und lagert die Beine in der Sauna hoch, so ist insbesondere bei anschließender Anwendung eines Kompressionsstrumpfes der Saunabesuch meist nicht kontraindiziert. Allgemein kann man sagen, daß bei einer unzureichenden Leistungsfähigkeit des Herz- und Kreislaufsystems (< 75 Watt) vom Besuch der Sauna Abstand genommen werden sollte.

Ausgeprägte Hautveränderungen setzen Grenzen – zumindest beim Besuch einer öffentlichen Sauna. Mit einem beginnenden Infekt gehört man nicht in die Sauna – auch wenn die individuellen Erfahrungen hier anders sein können. In jedem Fall handelt es sich um ein Risiko, und auch die Möglichkeit einer Ansteckung anderer Saunabesucher sollte nicht unterschätzt werden. Patienten mit einer Überfunktion der Schilddrüse sowie mit zur Blutung neigenden Magengeschwüren gehören ebenfalls nicht in die Sauna.

6.4 Praktische Empfehlungen zum Saunabaden

Grundsätzlich sollte man weder extrem hungrig noch mit vollem Magen in die Sauna gehen. Nach dem Auskleiden ist ein Aufsuchen des WC's sinnvoll, anschließend erfolgt eine Reinigungsdusche. Nach dem Abtrocknen kann man den ersten Saunagang durchführen – wobei ein Aufenthalt von 10 – 15 min ausreichend ist. Längere Zeiten sollte man vermeiden. Streiten kann man darüber, ob das Liegen in der Sauna sinnvoll ist. Aus medizinischer Sicht ist es auf jeden Fall nicht nötig – sieht man einmal von manchen Patienten mit Krampfaderleiden ab. Die Kreislaufumstellung ist auf jeden Fall vom Liegen zum Stehen beim Verlassen der Sauna wesentlich größer als vom Sitzen zum Stehen. Hier steigt auch die Kollapsgefahr an. Will man also in der Sauna liegen, so sollte man sich die letzten 2 Minuten vor Verlassen der Sauna aufsetzen.

Unmittelbar nach Verlassen der Sauna schließt sich eine Abkühlungsphase an, die individuell unterschiedlich gestaltet werden kann. Besonders im Winter bietet sich bei entsprechenden baulichen Voraussetzungen eine Frischluftabkühlung an. Auch eine Abkühlung mit einem kalten Guß ist sehr wirksam und angenehm. Dabei sollte man immer an den herzfernen Regionen (also Füße oder Hände) anfangen und den Guß langsam bis zur Hüfte bzw. zur Schulter führen. Wegen der Vielzahl der Kaltrezeptoren am Rumpf reagiert der Organismus bei einem Kaltreiz des Rumpfes wesentlich intensiver als bei einer Kaltreizung an den Extremitäten. Aus diesem Grund sollte man sich auf die erwähnte Art und Weise an den Kaltreiz gewöhnen und den Rumpf zum Schluß abkühlen. Wenn keine entsprechenden Kontraindikationen vorliegen und das Bedürfnis dazu besteht, kann man anschließend das Tauchbad benutzen.

Nie darf man jedoch vergessen, daß die eigentliche Saunawirkung mit dem thermischen Wechselreiz verbunden ist. Es wäre also falsch anzunehmen, daß der Saunaeffekt nur auf der Wärmewirkung beruht. Übertriebene Vorsicht bei den Abkühlungsmaßnahmen kann daher ebenso schädlich sein wie ein zu forsches Vorgehen. In jedem Fall ist es falsch, den Kaltreiz nach der Sauna dadurch mindern zu wollen, daß man z. B. erst lauwarm duscht und erst allmählich das kalte Wasser anstellt. Mit diesem Fall ist der Wechselreiz der Sauna zum großen Teil verschenkt. Das Gefäßspiel wird weniger stark geübt. Sinnvoll ist es dagegen, den Kaltreiz in der schon beschriebenen Art und Weise von der Peripherie her einzuschleichen.

Wenn man Probleme mit der Wiedererwärmung der Füße hat, ist die anschließende Benutzung eines warmen Fußbades sinnvoll. Nach dem Abtrocknen sollte sich eine ca. 5- bis 10minütige Ruhephase anschließen, der zweite Saunagang erfolgt genauso wie der erste. Bei Wohlbefinden kann ein dritter Saunagang angeschlossen werden. Die ganze Prozedur sollte man durch eine 20- bis 30minütige Nachruhephase im Liegen abschließen. Wenn der Durst es erfordert, können entsprechende Fruchtsäfte o. dgl. getrunken werden. Ein sog. Mineralersatz ist auf jeden Fall völlig unnötig, da der Organismus in der Lage ist, den Mineralhaushalt problemlos selbst auszugleichen. Nur Patienten, die zu Nierensteinen neigen, sollten aus Vorsichtsgründen auch zwischen den Saunagängen Flüssigkeit zuführen.

Aufgrund physikalischer Gegebenheiten ist der Sauerstoffpartialdruck in der Saunaluft verringert, was einem Aufenthalt in einigen Tausend Metern Höhe entspricht. Hieraus ist eine – wenn auch geringe – Belastung abzuleiten, was einer der Gründe ist, Anstrengungen (Kraftsport u. dgl., aber auch zu vieles Reden) in der Sauna zu meiden.

Auf den Sinn oder die Notwendigkeit von Aufgüssen in der Sauna wurde schon weiter vorne eingegangen. Bisher hat niemand zweifelsfrei nachgewiesen, daß die Veränderungen, die durch einen Aufguß, z. B. in der Luft, gemessen werden können, in irgendeiner Weise gesundheitsfördernd sind. Viele Saunabesucher meinen, nur beim Aufguß richtig zu schwitzen. Dies ist jedoch ein Trugschluß, da es sich dabei nicht um ein Schwitzen, sondern um eine Kondensation von Luftfeuchtigkeit auf der Haut handelt. Das Schwitzen wird eher behindert, die Kreislaufbelastung steigt. Insbesondere Herz- und Kreislaufpatienten sollten daher von der Benutzung eines Aufgusses Abstand nehmen bzw. bei der Durchführung die Sauna verlassen.

Oftmals liegt eine sog. Unverträglichkeit der Sauna an technischen Fehlern. So sollte man grundsätzlich nur gut durchwärmt und mit warmen Händen und Füßen die Sauna aufsuchen.

Einige Worte müssen noch zum Gebrauch des Alkohols gemacht werden. Sicherlich wäre es weltfremd, die Augen davor zu verschließen, daß in vielen privaten, aber auch in manchen öffentlichen Saunen der zwischenzeitliche Genuß von Bier, Sekt oder Wein üblich ist. Auch wenn hierdurch der gesellige Charakter der Sauna betont wird, so hat doch der Alkohol weder beim Winterschwimmen noch bei der Benutzung der Sauna etwas zu suchen. Alkohol lähmt – auch in kleinen Maßen – die Vasomotoren, d. h. das Gefäßspiel klappt nicht mehr richtig. Über paradoxe Kreislaufreaktionen braucht man sich in diesem Fall also nicht zu wundern.

Alles in allem kann die Sauna also einen sehr wichtigen Beitrag bei der allgemeinen Prophylaxe leisten. Aber auch in der Therapie bei einer Vielzahl von Erkrankungen ist sie sehr sinnvoll einzusetzen.

7 Sport als Mittel zur Abhärtung

Auf die vielfältigen Möglichkeiten des Sportes zur Gesunderhaltung soll im Rahmen dieser Schrift nicht näher eingegangen werden. Es sei darauf hingewiesen, daß gerade die Problematik der Abhärtung durch Sport im allgemeinen und die Beeinflussung des Immun- und Resistenzsystems im besonderen bisher nicht einheitlich gesehen wird (Übersicht bei Hollmann und Hettinger 1990). Meist geht man von einer Zunahme der Immunglobuline und der „Akute-Phase-Proteine" sowohl akut nach einer körperlichen Belastung als auch langfristig aus. Dies wäre im Sinne einer Steigerung der Abwehr zu interpretieren. Dabei muß man aber berücksichtigen, daß nach Extremleistungen auch ein massiv gesteigerter lymphatischer Rückfluß erfolgt, der Veränderungen im Blut vortäuschen kann. Gerade nach starken Belastungen ist mehrfach auch von einer Schwächung der Abwehr und einer erhöhten Infektanfälligkeit berichtet worden.

Will man also Sport als Abhärtungsmittel empfehlen, so sollte man von einem moderat zu dosierenden Ausdauersport ausgehen. Allerdings ist die so beliebte Kombination Sport und Sauna (in unmittelbarer zeitlicher Reihenfolge) nur dem absolut Gesunden zu empfehlen, da beide Maßnahmen sich kurzfristig negativ auf die Fließeigenschaften des Blutes auswirken und man eine Potenzierung vermeiden sollte (Thrombose-Risiko). Der latent Kreislauf-Geschädigte sollte sportliche Maßnahmen und die Sauna daher an verschiedenen Tagen durchführen. Ganz unabhängig vom Immun- und Resistenzsystem stellt diese Kombination an verschiedenen Tagen im übrigen eine optimale Variante dar, denn eine Leistungssteigerung ist bei den geringen Belastungen bzw. den kurzen Zeiten weder durch Sauna, noch durch Winterschwimmen zu erwarten. Man kann also davon ausgehen, daß sich bei Durchführung von Sauna oder Winterschwimmen einerseits und einem sportlichen Training andererseits die positiven Effekte der jeweiligen Maßnahme addieren.

Da nach allgemeiner Ansicht der Körper 2–3 Tage braucht, um einen intensiven thermischen Reiz auszuregulieren, stellt z. B. die Kombination einmal in der Woche Sport und einmal Winterschwimmen oder Sauna eine gute Kombination dar, wenngleich Leistungssteigerungen im eigentlichen Sinne hier noch nicht zu erwarten sind, wohl aber von einer besseren Regulationsfähigkeit – einem wichtigen Aspekt der Abhärtung – ausgegangen werden kann.

8 Wirkungswege der Abhärtung allgemein

Faßt man die bisherigen Ausführungen über die Wirkungen der Abhärtung zusammen, so kann man folgende Verallgemeinerungen über die Wirkung abhärtender Maßnahmen ableiten:

1. Abhärtende Maßnahmen führen zu einer Optimierung der Thermoregulation. Damit verbunden sind erwünschte Kreislaufumstellungen, wie z. B. eine verbesserte Durchblutungsregulation an den Akren (speziell den Fingern bzw. Händen).
2. Verbunden mit den Durchblutungsverbesserungen an den Akren ist eine reflektorische Beeinflussung der Schleimhautdurchblutung im Nasen-Rachen-Raum und damit eine bessere Infektabwehr.
3. Abhärtung führt zu einer Stabilisierung des vegetativen Nervensystems. Es kann angenommen werden, daß es zusätzlich zu einer psychoemotionalen Stabilisierung und größeren Streßtoleranz kommt, also die Persönlichkeitsentwicklung positiv beeinflußt wird.
4. Immun- und Resistenzparameter werden insbesondere durch Wärme aktiviert.
5. Biochemische Anpassungen (Stärkung antioxidativer Schutzmechanismen – das „Regimen refrigerans“ als „dosierter oxidativer Streß“) lassen sich bisher nur nach wiederholten Kaltreizen nachweisen.

9 Weitere praktikable Methoden der Abhärtung – Empfehlungen für die Praxis

Nicht für jeden ist das Winterschwimmen die geeignete Abhärtungsmaßnahme. Bei der Suche nach Alternativen sollte jedoch beachtet werden, daß Kaltreize nach Möglichkeit zu jedem Abhärtungsprogramm gehören sollten. Warum gehören nun Kaltreize unbedingt zur Abhärtung?

1. Kurze Kälteanwendungen üben das Gefäßspiel sowohl nach Wärme als auch bei alleiniger Anwendung („reaktive Hyperämie").
2. Langfristig sind Verbesserungen der akralen Durchblutungsregulation nicht bei ausschließlichen Wärmeanwendungen erkennbar.
3. Kaltreize bewirken erwünschte vegetative Umstellungen („Vagotonisierung" durch Vagusreizung bes. im Gesicht, langfristig Erhöhung der „Substanz P" im Blut).
4. Eine verbesserte Durchblutungsregulation der Akren findet sich nur nach wiederholter Kälteanwendung – also bei einer spezifischen Kälteanpassung.
5. Biochemische Anpassungen (Stärkung antioxidativer Schutzsysteme) konnten bisher nur nach Kälte nachgewiesen werden.

Man sollte beachten, daß die wohl verbreitetste Methode der Abhärtung – der regelmäßige Saunabesuch – in jedem Fall auch mit Kaltreizen einhergeht. Der Kaltreiz ist nach der Wärmephase der Sauna aus den oben angeführten Gründen unverzichtbar, hinzu kommen noch folgende Argumente:

1. Nach Sauna führt die Abkühlung zu einer schnelleren Normalisierung von Haut- und Kerntemperaturen.
2. Das Risiko von orthostatischen Dysregulationen (Kollaps durch Blutdruckabfall) nach der Sauna wird durch die Vasokonstriktion (Gefäßengstellung) infolge des kurzen Kaltreizes gemindert.
3. Kaltreize stellen eine Therapiemaßnahme bei der Varicosis dar, weshalb gerade Patienten mit Krampfadern den Kaltreiz nach der Sauna besonders beachten sollten.

Die alleinige Anwendung von Kaltreizen muß ja nicht immer in so extremer Form erfolgen wie durch das Winterschwimmen. Wie schon gezeigt werden konnte, haben auch mildere Kaltreize, wie das kalte Duschen, durchaus nachweisbare Effekte. Hier sollte der Reiz jedoch häufiger erfolgen, da mit Sicherheit nicht von einer Nachwirkungszeit von 2–3 Tagen wie beim Eisbaden oder der Saunaanwendung ausgegangen werden kann. Kaltes Duschen am Morgen sollte dann also zur Regel werden. Überhaupt werden Kaltreize am Morgen intensiver verarbeitet als am Abend, da der Körper am Morgen „aufheizt", der Kaltreiz also dem Tagesgang der Thermoregulation entgegengerichtet ist. Umgekehrt wirken Kaltreize am Abend milder.

Als lokale Maßnahme zur Abhärtung wurde in den 50er bis 70er Jahren (Vogler 1975) auch die sog. „Schleimhautregie" popularisiert. Sie besteht aus Gesichtsgüssen (2 – 3 mal am Tag, je 6 – 8 mal, insgesamt jeweils 1–2 min), einem Bürsten nicht nur der Zähne, sondern auch des Zahnfleisches, des Gaumens und der Zunge (vor einem intensiven Bürsten der Zunge wird allerdings in letzter Zeit von HNO-Ärzten wegen der Möglichkeit einer Schädigung der Geschmacksknospen abgeraten) sowie einem intensiven Gurgeln und Räuspern. Ziel ist es, reflektorisch die Durchblutung im Nasen-Rachen-Raum sowie im Bronchialsystem anzuregen und die Sekretion zu fördern. Ursprünglich hat man noch Nasenspülungen sowie Nasentamponaden mit in Kochsalzlösung getränkten Leinenstreifen empfohlen. Derartige Maßnahmen sollten aber dem HNO-Arzt vorbehalten bleiben.

Besonders wenn man zu kalten Händen und Füßen neigt, sollte man regelmäßig sog. ansteigende Arm- oder Fußbäder durchführen und diese mit einem kurzen Kaltreiz abschließen. Unter „ansteigend" ist dabei der Temperaturverlauf zu verstehen. Man beginnt mit lauwarmem Wasser und steigert die Temperatur durch Zulassen von heißem Wasser innerhalb von 15 bis 25 Minuten auf 40 bis 41° C. Würde man Hände oder Füße gleich einer solchen Temperatur aussetzen, so käme es wegen einer paradoxen Aktivierung der Kaltrezeptoren nicht zu der erwünschten Gefäßweitstellung. Auch das bekannte Kneipp'sche Wassertreten führt zu einer verbesserten Durchblutungsregulation an den Füßen, im einfachsten Fall kann auch das „Trockenbürsten" als „Einstiegsmaßnahme" dienen.

Gerade im Kindesalter, aber auch beim Erwachsenen sollte man die natürlichen klimatischen Reize nicht vergessen. Dazu gehören z. B. eine gezielte Bewegung an frischer Luft und evtl. (Kindereinrichtung!) das Freiluftschlafen. Gerade bei Kindern sollte immer die Möglichkeit gegeben sein, durch eine angemessene Bekleidung auch die Möglichkeit zu haben, etwas auszuziehen. Es sei an die alte Binsenweisheit erinnert, daß mehrere dünne Kleidungsstücke übereinander günstiger sind als ein dickes. Kaltwaschungen, Gesichtsgüsse, Abgießungen und Wechselduschen lassen sich oftmals gerade in den Tagesablauf von Kindern gut integrieren.

Die Möglichkeiten zur Abhärtung sind also vielfältig. Es muß nicht immer das Winterschwimmen oder die Sauna sein, auch wenn hier die intensivsten Umstellungen zu erwarten sind. Welche Kombination man im Einzelfall auswählt, richtet sich nach dem Ziel, was man erreichen will und natürlich auch nach den äußeren Bedingungen. Das Eisbaden läßt sich nun einmal im Sommer nur schwer durchführen.

10 Literatur zur Abhärtung

Im folgenden ist – um den Rahmen nicht zu sprengen – im wesentlichen nur die Literatur aufgeführt, die sich mit dem Hauptteil des Buches (den Kaltreizen und dem Winterschwimmen) beschäftigt.

Adler, S.: Physiotherapie im Kindesalter. A. Barth-Verlag, Leipzig 1990

Amelung, I. W. u. A. Ewers (Hrsg.): Handbuch der Bäder- u. Klimaheilkunde. Schattauer Verlag, Stuttgart 1962

Amelung, W. u. G. Hildebrandt (Hrsg.): Balneologie und medizinische Klimatologie, Bd.1. Springer Verlag, Berlin, Heidelberg, Tokyo, 1985

Ames, B. N.; Cathcart, R.; Schwiers, E. und Hochstein, P.: Uric acid provides on antioxidant defense in humans against oxidant- and radical-caused aging and cancer: A hypothesis. Proc. Natl. Acad. Sci. USA (1981); 78: 6858–6862

Antoni, H.: Die Funktion des Herzens, in: Schmidt, R. F. u. G. Thews (Hrsg.): Physiologie des Menschen. Springer Verlag, Heidelberg, New York, Berlin 1983

Arbusoff: (1952) zit. in: H. Killina: Der Kälte-Unfall. Dustri Verlag München-Deisenhofen 1966, S. 88

Aschoff, I.: Hauttemperatur und Hautdurchblutung im Dienste der Thermoregulation. Klin. Wochenschr. 36 (1958), 193–205

Aschoff, I.: Temperaturregulation. in: Gauer, Kramer, Jung: Physiologie des Menschen, Band 2: Energiehaushalt und Temperaturregulation. Urban & Schwarzenberg, München, Berlin, Wien 1971, S. 43–116

Azokar, J., E. J. Yunis and M. Essex: Sensitivity of human natural killer cells to hyperthermia. Lancet (1982), 16–17

Bachmann, R. M. und G. M. Schleinkofer: Die Kneipp-Wassertherapie. Georg Thieme Verlag, 1992

Barcroft, H., K. T. Bock, H. Hensel u. A. H. Kitchin: Pflüg. Arch. Pysiol. 261 (1955), 199. zit. in: H. L. Thron: Der Einfluß der Umgebungstemperatur auf die peripheren Blutgefäße. Z. angew. Bäder- u. Klimaheilk. *11* (1966), 36–44

Becker, BF.; Reinholz, N.; Özalik, T.; Leisert, B.; Gerlach, E.: Uric acid as radical scavenger and antioxidant in the heart. Pflügers Arch 1989; 415: 127–135

Beneke, F. W.: Die erste Überwinterung Kranker auf Norderney. Ärztlicher Bericht, Norden und Norderney, Braams 1882

Bensel, C. K. u. J. M. Lockart: Cold induced vasodilatation onset and manual performance in the cold. Ergonomics 17 (1974), 717–730

Berger, U. u. A. Hummel: Einführung in die Mikrobiologie und Immunologie unter besonderer Berücksichtigung der Mundhöhle. 2. Aufl. Urban u. Schwarzenberg. München–Berlin 1964, S. 314

Birwe, G., R. Fricke, R. Hartmann u. M. Taghawinejad: Ganzkörperkältetherapie (GKKT) – Beeinflussung entzündlicher Laborparameter. Z. Phys. Med. Baln. Med. Klim. 15 (1986), 315

Bodmann, K. H., B. Pfeifer: Größe und Variationsbreite der Herzschlagfolge als Kennwerte für die Leistungsfähigkeit der Herz-Kreislauf-Regulation. Dissertation A., Humbolt-Universität, Berlin 1974

Bomski, B., O. Franck, L. Linker u. E. Walther: Über die Wirkung von kurzen Kaltreizen. Z. Physiother. 38 (1986), 165-69

Borrell, R. M., R. Parker u. E. J. Henley: Comparison of in vivo temperatures produced by hydrotherapy, parrafin wax treatment, and Fluidotherapy. Phys. Ther. 60 (1980), 1273–1276

Brandt, St. u. M. Banet: Effect of hypothalamic temperature on the immune response in the rat. Brain research bull. 13 (1984), 247

Brauchle, A.: Zur Geschichte der Physiotherapie. Hrsg.: W. Groh. 4. Aufl. „Naturheilkunde in Lebensbildern". K. F. Haug-Verlag, Heidelberg 1971

Brenke, A. und R. Brenke: Grundlagen für prophylaktische und therapeutische Wärme- und Kälteanwendungen bei Gesunden und Hautkranken – dargestellt am Beispiel der progressiven Sklerodermie. Med. Habilschr., Berlin 1991

Brenke, R. u. E. Conradi: Erste Ergebnisse zur Wirkung intensiver Kälte (Eisbad) auf den Plasmaspiegel der Substanz P. Z. Med. u. Sport 27 (1987), 21–23

Brenke, R. u. E. Conradi: Facilities of ECG telemetry in physical medicine. Abh. d. Akad. d. Wissensch. d. DDR, Abt. Mathematik – Naturwissenschaft – Technik, Jg. 1988, Nr. 1 N, 399–403 (Akademie-Verlag Berlin 1988)

Brenke, R. u. E. Conradi: Unmittelbare physiologische Wirkungen auf Baden im Eiswasser. Sauna-Archiv, Lief. 1/83 (1983), 31–34

Brenke, R. u. E. Conradi: Unmittelbare physiologische Wirkungen auf Baden im Eiswasser. Broschüre: Rehabilitacia XVI (1983), Suppl. 26–27, Bratislava, S. 38–41

Brenke, R. u. W. Siems: Eine biochemische Hypothese zur Erklärung der Wirkung von Kaltreizen: Das regimen refrigerans – ein dosierter oxydativer Streß? Der Kneipparzt Nr. 1/1991, 21–24

Brenke, R. u. W. Siems: Klinisch-chemische Untersuchungen beim Eisbaden – Hinweise für einen oxidativen Streß. Z. Physiother. 43 (1991), 93–102

Brenke, R., A. Brenke u. E. Conradi: Untersuchungen zur Frage des Langzeiteffektes unter ambulanter Bäderbehandlung. Z. Physiother. 31 (1979), 373–379

Brenke, R., A. Brenke u. E. Conradi: Veränderungen der Sublingualtemperatur während einer 5-wöchigen Saunaserie. Z. Physiother. 31 (1979), 389–390

Brenke, R., C.-K. Warnke u. E. Conradi: Wärmehaushalt beim Winterschwimmen (Eisbaden). Z. Physiother. 37 (1985), 31–36

Brenke, R., E. Conradi u. C.-K. Warnke: Herz-Kreislauf-Belastung beim Baden im Eiswasser (Winterschwimmen). Z. Klin. Med. 41 (1986), 1831–1833

Brenke, R., E. Conradi, H. Krause u. B. Porstmann: Lokale Immunabwehr und Sauna, dargestellt an der Immunglobulin-A-Konzentration im Speichel. Int. Sauna-Archiv 2 (1985), 1–4

Brenke, R., G.-M. Müller, A. Materna u. H. Tanzmann: Beeinflussung der Granulozytenfunktion durch Sauna-Hyperthermie. Z. Klin. Med. 42 (1987), 2245–2248

Brenke, R., H. Plew u. C.-K- Warnke: Auswirkungen einer Serie von Kaltwasserbädern auf die vegetative Herzsteuerung des Menschen. Z. Physiother. 34 (1982), 177–180

Brenke, R., W. Diezel, A. Brenke u. E. Conradi: Hyperthermie und Interferonsystem. (Kurzfassung Vortrag) Z. Physiother. 35 (1983), 193–194

Brenke, R., W. Diezel, A. Brenke, E. Conradi u. S. Krauss: Erhöhter Serum-Interferon-Titer nach Sauna. Sauna-Archiv, Lief. 1/83 (1983), 31–34

Brenke, R., W. Diezel, A. Brenke, E. Conradi u. S. Krauss: Erhöhter Serum-Interferontiter nach Saunagang. Ein Beitrag zur Beeinflussung der Körperabwehr durch Saunabesuch.
Broschüre: Rehabilitacia XVI (1983), Suppl. 26–27, Bratislava, S. 110–112
Brenke, R., W. Siems und R. Maaß: Abhärtung durch Kaltreize unterschiedlicher Intensität: Wirkungen auf den Purin- und Radikalmetabolismus. WMW 1994; 144: No 3, 66–68
Brenke, R.: Die Wirkung des Saunabades, Wärmephase und Abkühlung, auf die Durchblutung der Extremitäten. Int. Sauna-Archiv 7 (1990), 161 – 164
Brenke, R.: Neuere immunologische Befunde zur Erklärung der abhärtenden Wirkung der Sauna. Int. Sauna-Archiv 9, H. 4 (1992), 129–135
Brenke, R.: Winterschwimmen – eine Extremform des Abhärtungssports. Therapeuticon 4 (1990), 466–472
Brömme, L., O. Burba u. E. Conradi: Der Einfluß unterschiedlicher Formen der Abkühlung während des Saunabadens auf ausgewählte Herz-Kreislaufparameter bei Gesunden und Patienten mit Hypertonie. Z. Physiother. 29 (1977), 193–197
Brück, K., E. Baum u. H. P. Schwennicke: Cold adaptive modification in man. Induced by repeated short-therm cold exposures and during a 10 day and night exposures. Pflügers Arch. 363 (1976), 125–140
Brück, K.: Thermoregulation. in: A. Sturm u. W. Birkmayer: Klinische Pathologie des vegetativen Nervensystems, Bd. 1, Fischer Verlag Jena 1976, 333
Bühring, M.: „Abhärtung" durch Hydrotherapie. Naturheilverfahren und Unkonventionelle Medizinische Richtungen. Hrsg.: M. Bühring und F. H. Kemper, Springer- Verlag 1993, Kap. 03.07, 1–14
Bühring, M.: Zur Entwicklung der Kaltreizadaptation. Z. Phys. Med. 5 (1976), 171–177
Bühring, M.: Das immunologische Abwehrsystem bei einer mäßig erhöhten Körpertemperatur. Int. Sauna-Archiv 4 (1987), 3–11
Chlebarov, S. u. M. Menger: Objektivierung des Kältereizes. Autorreferat zum 74. Kongreß der Deutschen Gesellschaft für Physikalische Medizin in Timmendorfer Strand 1969. in: Arch. f. Physik. Ther. (1970), 301–314
Chowers, I., R. A. Siegel, N. Conrorti u. L. Baranes: The effects of acclimation to alternatin enviromental temperature on metabolic an endovrine response in Guinea Pigs during acute heat and cold exposure. Internat. J. Biometeor. 21 (1977) 64–75
Classen, H.-G.: Streß, Distreß und Adaptationskrankheiten. Z. angew. Bäder- u. Klimaheilk. 23 (1976), 13–139
Conradi, E. u. R. Brenke: Die Steuerung der Herztätigkeit beim Eisbaden. (Kurzfassung Poster) Dt. Gesundh.wesen 39 (1984), 916–917
Conradi, E., R. Brenke u. D. M. A. Ossapofsky: Der Nierenkranke in der Sauna – Untersuchungen zum Einfluß wiederholten Saunabadens auf den Verlauf der chronischen Niereninsuffizienz. Int. Sauna-Archiv 6 (1989), 125–134
Conradi, E., R. Brenke u. R. Rathsack: Influence of saunahyperthermia in the evening upon circardian rhythm of the neurotransmitter substance P. Chronobiology and Chronimedicine Basic Research and Applications. Verlag Peter Lang, Frankfurt a. M. (1987)
Conradi, E., R. Brenke u. S. Philipp: Häufigkeit akuter respiratorischer Erkrankungen und sekretorisches Immunglobulin A im Speichel unter dem Einfluß

regelmäßigen Saunabadens von Kindern. Zschr. Physikal. Med. Rehab.-Med. Kurortmed. 2 (1992), 19–21

Conradi, E., R. Brenke, C.-K. Warnke u. W. Seidel: Untersuchungen zur Frage einer ausgangswertbezogenen Reaktion der Sinusarrhythmie auf thermischen Reiz. (Kurzfassung Vortrag) Dt. Gesundh.wesen 39 (1984), 877

Conradi, E., R. Brenke, D. Ossapofsky u. A. Ossapofsky: Stoinoctta na saunata pri rehabilitazija na bolni s chronitschna wretschna negocnatschostj (The role of sauna in the rehabilitation of chronic renal failure patients). Kurort i fisioter. XXVII (1990), No. 2, 6–11

Conradi, E., R. Brenke, T. Grune, P. Grünberger und A. Kästner: Beeinflussung des Radikalstoffwechsels durch Sauna und kurzzeitige Abkühlung. Int.Sauna-Arch. 11(1994), 55

Conradi, E.: Beitrag zum Anpassungsprozeß des menschlichen Organismus an wiederholte thermische Belastungen. Med. Habil.-Schrift, Humboldt-Universität, Berlin 1980

Conradi, E.: Stichwort „Abhärtung" in H. David (Hrsg.): Wörterbuch der Medizin. Verlag Volk und Gesundheit, Berlin, 1984. Bd. 1, S. 4

Cordes, J. C.: Die thermische Hautreaktion unter Hydrotherapie für die Praxis I – III. Z. Physiother. 24 (1972), 241, 343, 413

Davis, H.: Cardiovascular effects of the sauna. Amer. J. Phys. Med. 54 (1975), 178–185

Demling, I., R. Gromotka u. B. Bütte: Über den Einfluß peripherer Temperaturreize auf die Durchblutung der Nasen- u. Zungenschleimhaut gesunder Versuchspersonen. Z. Kreislaufforsch. 48 (1956), 225–230

Eckoldt, K., B. Pfeiffer: Die Variabilität der Herzschlagfolge als funktionsdiagnostisches Kriterium. Ergebn. exp. Med. 41 (1982), 470–51

Eckoldt, K., W. Dinter, B. Pfeifer, W. Rielke u. V. Schwarz: Kinetik der chronotropen Herzsteuerung beim Menschen. Med. u. Sport 23 (1983), 244–248

Eckoldt, K.: Untersuchungen über die Wirkungen der vegetativen Herznerven mit Hilfe von unblutigen Meßverfahren. Dissertation B, Humboldt-Universität, Berlin 1975

Einenkel, D.: Verbesserung des Gesundheitszustandes von Kindergartenkindern im Kreis Annaberg durch den regelmäßigen Besuch einer Betriebssauna. Z. ärztl. Fortb. 71 (1977), 1069–1071

Eisalo, A.: Effects of the finnish sauna on circulation. Studies on healthy and hypertensive subjects. Ann. Med. Exper. Biol. Fenniae 34 (1956), Suppl. 4

Eisermann, P.: Effekte der Kurorttherapie auf die pheriphere Mikrozirkulation anhand der Messung der akralen Wiedererwärmungszeit. Vortrag: XIII. Kongreß der Gesellschaft f. Physiotherapie, 4.– 8. Dez. 1988, Bad Elster

Eisermann, P.: Langzeitstudie zum regelmäßigen Saunabaden einer Kindergruppe hinsichtlich thermischer Konditionierung. Med. Dissertation, Humboldt-Universität, Berlin 1985

Ellssel, J.: Abklärung der Hautnebenwirkungen der Ganzkörperkälteexposition (-110° C) auf anamnestisch, klinisch und laborchemisch faßbaren Risikofaktoren. 91. Kongreß der Deutschen Gesellschaft für Physikalische Medizin und Rehabilitation, Münster 1986. Autorreferat: Z. Phys. Med. Baln. Med. Klim. 15 (1986), 312–313

Erdl, R. u. W. Schnizer: Einführung der Laser-Doppler-Flußmessung in die hydrotherapeutische Grundlagenforschung zur Objektivierung thermisch aus-

gelöster Gefäßreaktionen in der Haut. Eigenverlag – Inst. f. Med. Baln. u. Klimatol. der LMU München 1986
Ernst, E., P. Wirz, u. L. Pecho: Wechselduschen und Sauna schützen vor Erkältung. Z. Allg. Med. 66 (1990), 56–60
Fanger, P. O., J. Hojbjerre, J. O. B. Thomsen: Can winter swimming cause people to prefer lower room temperatures? Internat. J. Biometeor. 21(1977), 44–48
Franke, K.: Moderne Abhärtungsprobleme. Goldmann-Verlag, München 1973, 137–138
Fricke, R.: Ganzkörperkältetherapie. 91. Kongreß der Deutschen Gesellschaft für Physikalische Medizin und Rehabilitation, Münster 1986. Autorreferat: Z. Phys. Med. Baln. Med. Klim. 15 (1986 a), 311–312
Friedberger, E. u. S. Seidenberg: Einfluß der Umgebungstemperatur auf Immunität und Infektion. Klin. Wschr. 6 (1927), 1515–1516
Fritzsche, W.: Soziologische Untersuchungen zu Sauna-Verbreitung und Sauna-Gebrauch. Int. Sauna-Archiv 3 (1986), 123–128
Galizki, A.: Interessantes von Sauna, Banja, Bädern. Verlag MIR Moskau und Fachbuchverlag Leipzig 1987
Gärtner, W.: Die Komponenten des Wärmehaushaltes unter dem Einfluß äußerer Abkühlung oder Aufwärmung des Menschen. Z. angew. Bäder- u. Klimaheilk. 15 (1968), 463, 549; Fortsetzung 16 (1969), 224
Gärtner, W.: Thermoregulatorische Vorgänge im Rahmen der Kälteadaptation des Menschen. Z. Phys. Med. 1 (1970), 149
Gastl, G., A. Födinger, D. Egg u. M. Herold: Wirkung von Hyperthermie im Saunabad auf die natürliche Immunität. Int. Sauna-Archiv 2 (1985), 5–7
Gastl, G., A. Földinger, D. Egg und M. Herold: Wirkung von Hyperthermie im Saunabad auf die natürliche Immunität. In. Sauna-Archiv 2 (1985), 5–7
Gehrke, A., V. Ulbert, B. Siebert u. H. Drexel: Der Einfluß hyperthermer Badformen (Sauna, Dampfbad, Whirlpool) auf immunologische Parameter (Komplementsystem). Autorreferat 88. Kongreß der Deutschen Gesellschaft für Physikalische Medizin und Rehabilitation und Jahrestagung des Verbandes Deutscher Badeärzte (1983), S. 33
Glaser, E. M., F. R. Berridge u. K. M. Prior: (1950) zit. in: H. L. Thorn: Der Einfluß der Umgebungstemperatur auf die peripheren Blutgefäße. Z. angew. Bäder- u. Klimaheilk. 11 (1964), 36–44
Glaser, E. M.: (1949) it. in: H. L. Thron: Der Einfluß der Umgebungstemperatur auf die peripheren Blutgefäße. Z. angew. Bäder- u. Klimaheilk. 11 (1964), 36–44
Glaser, E. M.: Acclimatisation to heat und cold. J. Physiol. London 110 (1950), 330
Glaser, E. M.: Die physiologischen Grundlagen der Gewöhnung. G. Thieme, Stuttgart, 1968
Greenwald, R. A. und Cohen G. (eds.): Oxyradicals and Their Scavenger Systems. II Cellular and Medical Aspects. – New York, Amsterdam, Oxford, 1983.
Greis-Rütkönen, A.: Das Vorkommen der Sauna im finnischen Volksepos „Kalevala". Int. Sauna-Archiv 2 (1985), 23–28
Gruber, R., Kellner, M., Bieger, W.P.: Regulation der zellulären Immunreaktion. Einfluß einer einmaligen Kneipp Behandlung. Manuskript ohne Jahresangabe.
Hardy, J. D.: Temperature regulation, exposure to heat and cold, and effects of hypothermie. in: J. F. Lehmann (Hrsg.): Therapeutic heat and cold. 3. Aufl. Williams. u. Wilkins. Baltimore-London 1982, S. 172–198

Hartmann, A.: Die „Asiatische" Grippe 1957 – Die Sauna als Prophylaktikum. Hippokrates 29 (1958), 153–154
Hauswirth u. Kracmar (1995): zit. in: S. Chlebarov u. M. Menger: Objektivierung des Kältereizes. Autorref. zum 74. Kongreß der Deutschen Gesellschaft für Physikalische Medizin 1969. in: Arch. f. physik. Ther. (1970), 301–314
Hecht, K. u. P. Oehme: Streß, Immunoreaktivität und Substanz P. 2. Gemeinschaftssymposium, Berlin, November 1985
Heidelmann, G.: Die klinische Prüfung der akralen Arteriolenfunktion. Z. Kreislaufforsch. 41 (1952), 611
Heidrich, L., D. Freiberg u. I. Fuhrmann: Die Frequenzvariation – ein Parameter zur Beurteilung der Herzrhythmik. Z. ges. inn. Med. 39 (1984), 46–48
Herzig M., G.-M. Müller u. R. v. Baehr: Der INT-Test, eine Methode zum quantitativen Nachweis der Bildung reaktiver Sauerstoffspezies durch Phagozyten. I. Testaufbau, Normwerte, Leistungsdaten. Wiss. Z. d. HU (1985), H. 1
Hoffmann, E.-M., R. Schmidt u. W. Schunk: Zum Verhalten des Herzrhythmus unter einer psychonervalen Belastungssituation. Dt. Gesundh.-Wesen 38 (1983), 476–478
Hoffmann, H.: Die Beeinflussung der Hautdurchblutung, gemessen mittels der akralen Wiedererwärmungsreaktion durch eine Serie von Saunabädern unter Berücksichtigung des tageszeitlichen Verhaltens. Med. Dissertation, Humboldt-Universität, Berlin 1978
Hollmann, W. und Th. Hettinger: Sportmedizin. 3. Aufl., Schattauer, Stuttgart, New York 1990
Howell, RR.; Wyngaarden, J. B.: On the mechanism of peroxidation of uric acid by hemoproteins. J. Biol. Chem. 1960: 235: 3544–3550
Inlander, Ch. B. and C. K. Moran: 77 mal Schnupfen und Grippe besiegen. BLV Verlagsgesellschaft München 1995
Jordan, H.: Das rhythmologische Verhalten (Streubreite) der Systolen- u. Diastolendauer in Ruhe und nach körperlicher Belastung. Z. ges. inn. Med. 28 (1973), 394–397
Jordan, H.: Die kurzzeitlichen Schwankungen der Herzperiodendauer des Menschen. Z. ges. inn. Med. 17 (1963), 136–141
Juhasz, J. u. M. Kunay: Wirkung der finnischen Sauna bei Kindern mit rezidivierenden Erkrankungen der Atemwege und der Lungen. Sauna-Archiv 7 (1969), 8–17
Jungmann, H.: Der Kreislauf in kühlen, indifferenten und heißen Bädern. Z. angew. Bäder- u. Klimaheilk. (1964), 25–35
Kahlbaum, C.-K.: Untersuchungen zur Physiologie des Winterschwimmens. Dissertation A, Berlin 1987
Kanig, F.: Infektanfällige Kinder in der ambulanten physiotherapeutischen Betreuung (Erfahrungsbericht nach Elternbefragen). Z. Physiother. 40 (1988), 229–235
Karesoja, M. J., M. O. Halinen u. H. S. S. Sarajas: Platelet characteristics and blood clotting during the Finnish sauna bath. Sauna studies (papers read at the VI international sauna congress in Helsinki on August – 17, 1974), Helsinki 1976
Kauppinen, K. u. I. Vuori: Man in the sauna. Ann. of Clin. Res. 18 (1986), 173–185
Kehnscherper, M.: Profilierung einer pädiatrischen Physiotherpie. Z. Physiother. 42 (1990), 265–269

Kerdö (1957): zit. in: S. Chlebarov u. M. Menger: Objektivierung des Kältereizes. Autorreferat zum 74. Kongreß der Deutschen Gesellschaft für Physikalische Medizin 1969. in: Arch. f. physik. Ther. (1970), 301–314
Killian, H.: Der Kälte-Unfall. Dustri-Verlag Deisenhofen, 1966
Klinker, L.: Über den Effekt von Kaltluftliegekuren. Z. Physiother. 39 (1978), 260–278
Knaur, H., und B. Halliwell: Action of biologically relevant oxidizing spezies upon uric acid. Identification of uric acid oxidation products. Chemico-biol. interact. 73 (1990) 235–248
Krauß, H. W.: Die Sauna. 4. Auflage Verl. Volk und Gesundheit, Berlin 1987
Krauß, H. W.: Möglichkeiten der Sauna in der Prophylaxe und Therapie. Sauna-Arch. 6 (1968), 2–16
Krog, J., B. Folkow, R. H. Fox u. K. Lange-Andersen: Hand circulation in the cold of Lapps and North-Norwegian fishermen. J. appl. Physiol. 15 (1960), 654–658
Kühnau, J.: Anpassung, Gewöhnung und Training als biochemisch definierbare Vorgänge. Fortschr. Mes. 88 (1970), 1089
Lange-Andersen, H.: Kälteanpassung. Z. Phys. Med. 1 (1970), 117
Lasarenko, P. W., T. G. Simonowa, A. G. Tichanowa u. M. A. Jakimenko: Das Saunabad als Mittel zur Erhöhung der Widerstandsfähigkeit gegenüber Kälte (Russ.). Voprosy kurortologii, fizioterapii i lecebnoj fiziceskoj kul'tury (Moskva) 6 (1983), 56–63
Lehmann, J. F. (Hrsg.:): Therapeutic heat and cold. 3. Aufl. Williams u. Wilkins. Baltimore-London, 1982
Lewis, T.: Blood vessels of the human skin and their responses. Show and Sons, London 1927
Mackowiak, Ph. A.: Direct effects of hyperthermia on pathogenic mircroorganisms. Teleologic implications with regard to fever. Rev. infect. Dis. 3 (1981), 508
Malasek, A.: Temperaturadaptationsversuche an Tieren – Enzymaktivitäten, Mitochondrienatmung in Abhängigkeit von der Umgebungstemperatur. Z. angew. Bäder- u. Klimaheilk. 24 (1977), 226–230
Maples, KR.; Mason, RP.: Free radical metabolite of uric acid. J. Bio. Chem. 1988: 263: 1709–1712
Materna, A. u. R. Brenke: Abhärtung durch Saunabaden. Therapeutikon 5 (1991), 433–437
McArdle, W. D., J. R. Magel u. T. J. Gerglex: Theramal adjustment to cold-water exposure in resting men and women. J. Appl. Physiol. Respir. Environ. Exercise Physiol. 56 (1984), 1565–1571
Menger, W. u. R. Dölp: Über Beziehungen zwischen Euphorie an der Nordsee und erhöhter 17-Ketosteroidausscheidung. Z. angew. Bäder- u. Klimaheilk. 15 (1968), 318–327
Menger, W., u. S. Mantel: Kerntemperaturen bei kalten Seebädern in Abhängigkeit von Hautfaltendicke, Wassertemperatur und Gewöhnung. Z. Phys. Med. I (1978), 262–266
Menger, W.: Abhärtung bei der Thalassotherapie des Asthma bronchiale. Vortrag I. Gemeinschaftssymposion „Physiotherapie im Kindesalter“, Dresden, März 1989
Menger, W.: Kalte Luftbäder bei Kindern mit Asthma bronchiale. Z. Phys. Med. 7 (1978), 195–205

Menger, W.: Thalassotherapie bei Kindern. H. u. K. 34 (1982), 19–24
Menger, W.: Warum Abhärtung? Sozialpädiatrie 2 (1980), 243–249
Mikolásek, A: Einige Beobachtungen über den Einfluß der Sauna auf den Gesundheitszustand bei Kindern. Sauna-Archiv 7 (1969), 1–8
Mochmann, H., E. Conradi: Ludwig Brieger (1849–1919) – Der erste Lehrstuhlinhaber der Poliklinik für Physiotherapie in Berlin. Z. Physiother. 39 (1987), 203–211.
Müller, G. M., R. v. Baehr, E. Seidler u. H. Tanzmann: Mikrotechnik zur Bestimmung der stimulierten Superoxid-Bildung durch Phagozyten (Mikro-INT-Test). Z. Med. Lab.diagn. 28 (1987), 185–190
Namur, M., J. Juchmes u. J. Lecomte: Sur la bradycardie provoquee par immersion. J. Belge Rheumatol. Med. Phys. 30 (1975), 85–92
Nieber, K., I. Roske u. P. Oehme: Stress-induced changes of the cholinergic-adrenergic interaction in adrenals and the influence of substance P. Beiträge zur Wirkstofforschung, Anlage zur Heft.-Nr. 36 (1988), S. 18
Nieber, K., u. F. Oehme: Streß und endogenes Opioidsystem. III. Einordnung des Opioidsystems in die Prozesse der Adaptation. Z. Ges. inn. Med. 40 (1985), 133–136
Nieber, K., u. F. Oehme: Substanz P – ein Neuropeptidtransmitter. Z. Ges. inn. Med. 37 (1982), 577–582
Niethammer, D., A. Wildfeuer, E. Kleihauer u. O. Haferkamp: Granulozytendysfunktion. Klin. Wschr. 53 (1975), 643–652, 739–746
Niki, E.: Antioxidants in relation to lipid peroxidation. Chem. Physics. Lipids 1987: 44: 227–253
Oja, H.: Physiological effects of winter bathing through holes in the ices on lakes, with and without preceding sauna bath. Int. Sauna-Archiv 2 (1985), 36–39
Ott, V. R.: Die Sauna. Benno Schwabe und Co., Basel 1948
Parsi, R. A.: Kardiologie für die Praxis. 2. Aufl. Gustav Fischer Verlag, Jena 1983, S. 429–420
Peter, A.: Adaptation, Resistenz und Immunsystem in Beziehung zur Balneologie. Z. Physiother. 23 (1971), 333–340
Peter, A.: Über einige Probleme und Ergebnisse der Immunologie und Resistenzsteigerung im Hinblick auf die Kurorttherapie. Z. Physiother. 27 (1975), 31 – 35
Peter, E.: Hilfe beim Überleben. Jahrbuch der Schiffahrt 1979, Transpress-Verlag für Verkehrswesen 1979
Pfeifer, B., H. Camman, K. Eckoldt, M. Schädlich u. E. Schubert: Die chronotrope Steuerung des menschlichen Herzens bei verschiedenen Funktionszuständen der Herz-Kreislauf-Regulation. in: Med. u. Sport 17 (1977 a), 150–151
Pfeifer, B., H. Camman, W. Dinter, K. Eckoldt, M. Schädlich u. E. Schubert: Herzrhythmik und metabolische Größen bei und nach Ergometerbelastung. Med. u. Sport 17 (1977 b), 143–145
Philipp, S., R. Brenke, E. Conradi u. H Krause: Der Einfluß regelmäßigen Saunabadens auf die lokale Abwehr des kindlichen Organismus gegenüber akuten respiratorischen Infektionen. Int. Sauna-Archiv Jg. 8, Heft 1 (1991), 11–18
Pirlet, K.: Menschlicher Wärmehaushalt und kaltes Seebad unter besonderer Berücksichtigung individueller Unterschiede. in: Arch. f. physikal. Ther. 12 (1960), 165–172

Pöllmann, L.: Beeinflussung der Mundtemperatur durch thermische Reize der Extremitäten. Dtsch. Z. Mund-Kiefer-, Gesichts-Chir. 9 (1985), 263–264

Pöllmann, L.: Elevation of the oropharyngeal temperature according to footbathes. H. interdiscipl. Cycle Res. 16 (1985), 43–48

Pöllmann, L.: Temperaturänderungen der Schleimhaut des Mundes und des Rachens während kalter und wechselwarmer Fußbäder. Klin. Wschr. 65 (1987), 281–286

Poppei, M., E. A. Jumatow, R. Rathsack u. I. Roske: Role of substance P in development of stress. Beiträge zur Wirkstofforschung, Anlage Heft Nr. 36 (1988), S. 42

Pratzel, H.: Biochemische Aspekte bei lokaler thermischer und mechanischer Einwirkung auf die Haut. Z. Phys. Med. 6 (1977), 118–121

Prokop, L.: Sport und Sauna. Int. Sauna-Archiv 1(1984), 51–57

Purdue, G. F., u. J. L. Hunt: Cold injury: A. collective review. J.B.C.R. 7 (1986), 331–342

Rathsack, R., I. Roske u. P. Oehme: Beziehungen zwischen Substanz P-Konzentration und Antistresswirkung. 2. Gemeinschaftssymposium, Berlin November 1985

Ring, U., u. W. Teichmann: Immunologische Veränderungen unter hydrotherapeutischer Kurbehandlung. Dtsch. Med. Wschr. 102 (1977), 1625–1630

Rysánková, J., u. D. Rysánek: Secretory antibodies during sauna bathing. in: Proceedings International Sauna congress, Niederlande, Februar 1986

Rysánková, J.: Mucociliar transport of nasal mucosa during sauna bathing. Int. Sauna-Arch. 5 (1988), 137–139

Schaffranek, L.: Auswirkung der Sauna auf die Häufigkeit der Erkältungskrankheiten und die Arbeitsunfähigkeitsdauer. Sauna-Archiv 6 (1968), 23–25

Schmidt, K. L., J. Dettmer u. C. Mueller-Eckardt: Körpertemperatur und Immunreaktionen: Die Wirkung einer Ganzkörper-Hyperthermie auf die Stimulierbarkeit der Lymphozyten durch Mitogene. Z. Phys. Med. Baln. Med. Klim. 12 (1983), 109–114

Schmidt, K. L.: Hyperthermie und Fieber. 2. Aufl. Hippokrates Verlag, Stuttgart 1987.

Schmidt, P., u. A. Kairies: Über die Entstehung von Erkältungskatarrhen und eine Methode zur Bestimmung der Schleimhaut-Temperatur. Gustav Fischer Verlag, Jena 1932, S. 1–70

Schmidt-Kressen, W. u. Tran Ngoc Suony: Catecholamin-Circadianrhythmen unter Kaltwasserbehandlungen nach Kneipp. Z. Phys. med. 7 (1978), 169– 174

Schnizer, W., J. Lindner, H. Knorr, und J. Ring: Lymphozytenstimmulierende Eigenschaft des Blutplasmas nach Saunabad. Phys. Rehab. Kur Med. 2 (1992), 22–24

Schnizer, W., J. Ring, D. Reichert, H. J. Knorr, u. P. Schöps: Einfluß einer hydrotherapeutischen Anwendung auf die zelluläre Immunantwort: In-vitro-Untersuchungen an Lymphozytenkulturen. Z. Phys. Med. Baln. Med. Klim. 17 (1988), 364–365

Schraffanek, L.: Auswirkung der Sauna auf die Häufigkeit der Erkältungskrankheiten und die Arbeitsunfähigkeitsdauer. Sauna-Archiv 6 (1968), 23–25

Schubert, E.: Anpassung als Antwort des menschlichen Organismus auf Einflüsse der biologischen und sozialen Umwelt. Z. Physiother. 31 (1979), 161–171

Seidel, W., A. Pinner u. E. Conradi: Die chronotrope Steuerung der Herztätigkeit in der Sauna. Z. Physiother. 34 (1982), 181–185

Seyfrath, M., K.-P. Lange u. S. Fröhlich: Zum Nachweis von S-IgA und freier sekretorischer Komponente im Speichel. Allerg. Immunol. 32 (1986), 41–46

Siems, W., u. R. Brenke: Beeinflussung der Bildung und Beseitigung von Sauerstoffradikalen in der Kneipptherapie – ein neuer Zugang zur Aufklärung molekularer Mechanismen eines bewährten Therapiekonzeptes. Der Kneipparzt Nr. 3 (1992), 3–9

Siems, W., u. R. Brenke: Changes in the glutathione system of erythrocytes due to enhanced formation of oxygen free radicals during short - therm whole body cold stimulus. Arct. Med. Res. 51 (1992), 3–9

Siems, W. G., F. J. G. M. van Kujik, R. Maass and R. Brenke: Uric acid and Glutathione levels during short-term whole body cold exposure. Free Radical Biology and Medicine, Vol. 16, No. 3, pp 299–305, 1994

Sies, H.: Biochemistry of oxidative stress. Angewandte Chemie 25 (1986) 1058-1071.

Stewart II, W. E: The interferon system. Springer Verlag Wien, New York 1981

Taghawinejad, M., G. Birwe, R. Fricke u. R. Hartmann: Ganzkörperkältetherapie (GKKT) – Beeinflussung von Kreislauf- u. Stoffwechselparametern. Z. Phys. Med. Baln. Med. Klim. 15 (1986), 314

Taghawinejad, M.; G. Birwe, R. Fricke, und R. Hartmann: Ganzkörperkältetherapie – Beeinflussung von Kreislauf- und Stoffwechselparametern. Z. Phys. Med. Baln. Med. Klin. 18 (1989) 23–30.

Tennstedt, G.: Über die Kreislaufwirkung kalter Seebäder. Z. Phys. Med. 1 (1979), 37–43

Thiedt, N.: Die Abkühlung – eine physiologische und patho-physiologische Reaktion. Z. Physiother. 39 (1987), 255–262

Thron, H. L.: Der Einfluß der Umgebungstemperatur auf die peripheren Blutgefäße. Z. angew. Bäder- u. Klimaheilk. 11 (1964), 36–44

Trnavski, G.: Kryotherapie. 2. Aufl. Pflaumverlag München 1986

Turowski, E., u. M. Töpfer: Beziehungen zwischen thermischer Empfindung und der Hauttemperatur während und nach Kaltluftliegekuren. Z. Physiother. 39 (1987), 263–267

Vogler, P.: Physiotherapie (bearbeitet von J. E. Camrath): G. Thieme, Stuttgart 1975

Warnke, J.-P., P. Zibell u. E. Conradi: Mathematische Modellierung der akralen Wiedererwärmung. Z. Physiother. 36 (1984), 113–117

Wayner, D. D. M., G. W. Burton, K. U. Ingold, L. R. C. Barclay, S. J. Locke: The relative contributions of vitamen E, urate, ascorbate and proteins to the total peroxyl radicaltrapping antioxidant activity of human blood plasma. Biochem. Biophys. Acta 924 (1987) 408–419

Wein, A. M., R. Rathsack, P. Oehme u. K. Hecht: Substanz-P- ähnliche Immunreaktivität (SPLIR) im Plasma psychisch Erkrankter mit Schlafstörungen. 2. Gemeinschaftssymposium, Berlin November 1985

Wyndham, C. H.: Effect of acclimatisation on the sweat rate/rectal temperature relationship. H. Appl. Physiol. 22 (1967), 27–35

Yamauchi, T.: Vortrag: Europäischer Rheumatologen-Kongreß Wiesbaden 1979. ref. in: R. Fricke: Kältetherapie bei Rheuma – was kann sie leisten? Merkblätter der Deutschen Rheuma-Liga e.V. Nr. 38 (1986)

Yamauchi, T.: Whole body-cryo-therapy ist method of extreme cold -175 - C

treatment initially used for rheumatoid arthritis. Z. Phys. Med. Baln. Med. Klim. 15 (1986)
Zawajlov (1954): zit. in. S. Chlebarov u. M. Menger: Objektivierung des Kältereizes. Autorref. zum 74. Kongreß der Deutschen Gesellschaft für Physikalische Medizin 1969 – ref. in: Arch. f. physik. Ther. (1970), 301–314
Zeman, V., V. Holocek, P. Slaby u. J. Novak: Kasuistischer Beitrag zur Proteinurie bei Winterschwimmern. Med. U. Sport 27 (1987), 24–26
Zenner, R. J., D. E. Decker and D. L. Clement: Blood-pressure response to swimming in ice-cold water. Lancet I (1980), 120–121
Zimmermann, I.: Die Speichelkörperchen des Menschen. Dissertation A, Berlin 1975
Zwierziena, W. D., R. Günther, M. Herold u. F. Kunz: Alterations of haemostasis after exposure to sauna. Z. Rheumatol. 40 (1981), 255–260

Die Autoren

Priv.-Doz. Dr. med. Rainer Brenke ist ärztlicher Leiter der Ersten Deutschen Modellklinik für ganzheitliche Grundversorgung (Kreiskrankenhaus Simbach am Inn). Hier hat er die Funktion des Chefarztes der Abt. für Naturheilverfahren. Bis 1993 war er über 15 Jahre an der Klinik und Poliklinik für Physikalische Medizin und Rehabilitation der Berliner Charité tätig – zuletzt als deren stellvertretender Direktor. Er ist Internist, Facharzt für Physikalische und rehabilitative Medizin und besitzt die Zusatzbezeichnung „Naturheilverfahren". Neben der klinischen Tätigkeit liegen seine Forschungsschwerpunkte auf dem Gebiet der klassischen Naturheilverfahren (speziell für Hydrotherapie) sowie auf dem Gebiet der Lymphologie.

Priv.-Doz. Dr. med. Werner Siems ist Facharzt für Biochemie und stammt ebenfalls aus Berlin, wo er über viele Jahre als Wissenschaftler im Institut für Biochemie der Charité tätig war. Hier hat er sich im Rahmen einer klinischen und angewandten Forschung vorwiegend mit den Wirkungen von Sauerstoffradikalen beschäftigt. Seit 1992 arbeitet er klinisch in der Herzog-Julius-Klinik für Rheumatologie und Orthopädie in Bad Harzburg und untersucht die wissenschaftlichen Grundlagen von Naturheilverfahren insbesondere auf molekularer Ebene.

Inhalt